“十四五”职业院校通识课教材

新时代大学生劳动教育与实践

● 主　编　何晓红　熊柏祥　石国凤
● 副主编　莫映壮　万　雯　龙明珠
余海浪　张诗慧

苏州大学出版社
Soochow University Press

图书在版编目（CIP）数据

新时代大学生劳动教育与实践/何晓红，熊柏祥，石国风主编. —苏州：苏州大学出版社，2022.8
ISBN 978-7-5672-4025-4

Ⅰ.①新… Ⅱ.①何… ②熊… ③石… Ⅲ.①大学生-劳动教育-高等职业教育-教材 Ⅳ.①G40-015

中国版本图书馆 CIP 数据核字（2022）第 132753 号

新时代大学生劳动教育与实践
何晓红　熊柏祥　石国风　主编
责任编辑　曹晓晴

苏州大学出版社出版发行
（地址：苏州市十梓街 1 号　邮编：215006）
丹阳兴华印务有限公司印装
（地址：丹阳市胡桥镇　邮编：212313）

开本 787 mm×1 092 mm　1/16　印张 12　字数 249 千
2022 年 8 月第 1 版　2022 年 8 月第 1 次印刷
ISBN 978-7-5672-4025-4　定价：48.00 元

图书若有印装错误，本社负责调换
苏州大学出版社营销部　电话：0512-67481020
苏州大学出版社网址　http://www.sudapress.com
苏州大学出版社邮箱　sdcbs@suda.edu.cn

前言

劳动教育的重要性，怎么强调都不过分。从身体力行的劳动中获取经验与知识，正是人类文明起源和发展的主要方式。大到创造力的发掘，小到生活常识的积累，都离不开劳动实践。“纸上得来终觉浅，绝知此事要躬行。”劳动教育不仅要教会学生洗衣做饭、打扫卫生等基本的劳动技能，更要教育他们对知识躬身修行、用身体“丈量”世界。劳动教育的重要性显而易见，但不少青少年仍然缺乏劳动意识与劳动知识，不想劳动、不会劳动、不珍惜劳动成果的现象并不鲜见。与德、智、体、美相比，当前劳动教育受重视程度还不够，经常处于“喊起来重要，教起来次要，考起来不要”的尴尬境地，劳动的独特育人价值在一定程度上被忽视，有的学校劳动教育教学内容和方式方法比较陈旧，与家庭和社会生活脱节的问题比较明显。鉴于此，2020 年 3 月 20 日，中共中央、国务院发布了《关于全面加强新时代大中小学劳动教育的意见》（以下简称《意见》），提出要“通过劳动教育，使学生能够理解和形成马克思主义劳动观，牢固树立劳动最光荣、劳动最崇高、劳动最伟大、劳动最美丽的观念；体会劳动创造美好生活，体认劳动不分贵贱，热爱劳动，尊重普通劳动者，培养勤俭、奋斗、创新、奉献的劳动精神；具备满足生存发展需要的基本劳动能力，形成良好劳动习惯”。《意见》要求，要“根据各学段特点，在大中小学设立劳动教育必修课程，系统加强劳动教育”。职业院校要“以实习实训课为主要载体开展劳动教育，其中劳动精神、劳模精神、工匠精神专题教育不少于 16 学时”。

本书由长期从事劳动教育的一线教师，在充分理解、把握国家关于大中小学劳动教育相关政策的基础上，结合职业院校劳动教育课程要求和教学实际编写而成。本书包括理论篇和实践篇两个部分，每个部分各三章，共六章内容。其中，理论篇主要介绍职业院校大学生劳动教育的内容、特点及途径，劳动的基本理论知识，劳动权益保护等内容；实践篇主要介绍日常生活劳动实践、生产劳动实践、志愿服务劳动等内容。

本书由贵州经贸职业技术学院何晓红，咸宁职业技术学院熊柏祥、石国凤担任主编。在本书编写过程中，编者参阅了大量已有研究成果，在此向相关作者表示衷心的感谢。

由于编者水平有限，书中难免存在不足之处，恳请广大读者批评指正。

目录

理论篇

实践篇

理论篇

第一章 职业院校大学生劳动教育

第一节 劳动教育概述

名人名言

劳动是世界上一切欢乐和一切美好事情的源泉。

——高尔基

古今中外，人们对劳动教育内涵的认识不断丰富和深化。特别是进入新时代，劳动教育的内涵得到了进一步深化，对于大学生来说，劳动教育已不再囿于简单组织一些体力活动，而是着眼于对其劳动价值观的塑造及劳动素养的培育。

2016 年，《中国学生发展核心素养》提出了学生发展的六大核心素养，其中实践创新素养明确阐述了劳动教育的基本内涵，即“尊重劳动，具有积极的劳动态度和良好的劳动习惯；具有动手操作能力，掌握一定的劳动技能；在主动参加的家务劳动、生产劳动、公益活动和社会实践中，具有改进和创新劳动方式、提高劳动效率的意识；具有通过诚实合法劳动创造成功生活的意识和行动等”。

2018 年，习近平总书记在全国教育大会上对劳动教育做出新的阐述，提出要“培养德智体美劳全面发展的社会主义建设者和接班人”，“要在学生中弘扬劳动精神，教育引导学生崇尚劳动、尊重劳动，懂得劳动最光荣、劳动最崇高、劳动最伟大、劳动最美丽的道理，长大后能够辛勤劳动、诚实劳动、创造性劳动”[1]。

2020 年，教育部印发《大中小学劳动教育指导纲要（试行）》（以下简称《纲要》），明确指出：“劳动是创造物质财富和精神财富的过程，是人类特有的基本社

〔1〕 习近平. 习近平出席全国教育大会并发表重要讲话[EB/OL].(2018-09-10)[2022-07-10]. http://www.gov.cn/xinwen/2018-09/10/content_5320835.htm.

会实践活动。劳动教育是发挥劳动的育人功能，对学生进行热爱劳动、热爱劳动人民的教育活动。”“劳动教育是新时代党对教育的新要求，是中国特色社会主义教育制度的重要内容，是全面发展教育体系的重要组成部分，是大中小学必须开展的教育活动。”

2020年，中共中央、国务院印发《关于全面加强新时代大中小学劳动教育的意见》（以下简称《意见》），对劳动教育的基本内涵做了如下解释：劳动教育是国民教育体系的重要内容，是学生成长的必要途径，具有树德、增智、强体、育美的综合育人价值。实施劳动教育重点是在系统的文化知识学习之外，有目的、有计划地组织学生参加日常生活劳动、生产劳动和服务性劳动，让学生动手实践、出力流汗，接受锻炼、磨炼意志，培养学生正确劳动价值观和良好劳动品质。

拓展阅读

劳动作为必修课，有必要吗?

某高校设置劳动必修课，内容涉及打扫寝室、清洁校园、门岗执勤、学校食堂餐盘清理、参与校园绿化维护等，劳动教育直接与学分学时挂钩，每学期上满24学时，才能获得2个学分。

有人质疑，这是把学生当成免费劳动力了吗?

学校开设劳动必修课是学校人才培养的内容之一，旨在培养学生的劳动意识。学校开设劳动必修课不但没有减少开支、减少后勤人员，还要拨付专用资金购买服装、劳动工具，安排专门的辅导老师指导课程，实际上是增加了开支。

有学生表示，平时在家也会做些家务，但很难坚持，劳动课作为必修课的方式很好，能促使自己养成习惯，而且其所学专业要经常抱着电脑敲代码，课余生活比较单调，和同学们一起参与劳动可以调节生活，在食堂劳动的时候和阿姨们聊天也很开心。“昨天我们小组干完活后，拍了大合照，我还主动发给家人看，他们说挺好的。”她笑着说。

另一名学生也表示认同学校将劳动教育安排成强制性课程的决定，自己把这样的课程当成一种体验，加上劳动课程时间不长，在可接受的范围内，既可以锻炼自己的能力，又能体会到劳动的不易。

第二节　职业院校大学生劳动教育的内容、特点及途径

名人名言

只有通过劳动，思想才能变得健全；只有通过思想，劳动才能变得愉快，两者是不能分割的。

——罗斯金

一、职业院校大学生劳动教育的内容

劳动教育在整个教育体系中占有重要的地位。教育目的、教育目标必须依靠一定的内容安排来体现和实现，而教育形式、教育方法则是由内容决定并为内容服务的。因此，本节将根据《意见》中对劳动教育提出的总体目标要求，明确职业院校大学生劳动教育的具体内容。

（一）劳动知识

随着现代劳动的复杂化和精细化，拥有宽广的科学文化知识已经成为人类劳动的基础条件，而掌握必备的技能是提升劳动质量的关键因素。大学阶段的劳动教育，要求学生掌握相关劳动知识，主要包括劳动与伦理知识、劳动与法律知识、劳动与社会保障知识、劳动关系知识等，同时还要求学生熟悉随着社会发展不断出现的新知识、新技术、新工艺、新方法。

1. 劳动与伦理知识

这是人类在劳动过程中形成的处理人与人、人与社会、人与自然等的关系的道德准则，其基本内涵包括尊严的劳动、公平的劳动、自由的劳动和幸福的劳动。

2. 劳动与法律知识

劳动关系是法律调整的对象，法律对劳动关系的产生、变更、消灭等各个环节进行调整，明确发生劳动关系的各主体间的权利和义务。目前，我国已形成包括《中华人民共和国宪法》《中华人民共和国劳动法》《中华人民共和国就业促进法》《中华人民共和国工会法》《中华人民共和国劳动合同法》《中华人民共和国社会保险法》《中华人民共和国劳动争议调解仲裁法》《中华人民共和国民事诉讼法》等实体法、程序法在内的一整套调整劳动关系、保护劳动者权益的法律体系。

3. 劳动与社会保障知识

社会保障是以社会保险、社会救助、社会福利为基础，以基本养老、基本医疗、最低生活保障制度为重点，以慈善事业、商业保险为补充，保障人民生活、调节收入分配的一项基本制度。劳动者在劳动过程中面临着危害程度、性质、范围不同的工作风险，依靠个人、家庭和社会组织根本无法应对这些风险，因此需要由社会保障予以化解或规避。

4. 劳动关系知识

微观的劳动关系是指劳企双方在工作场所形成的用工关系，核心主体是劳动者和企业。劳动者为企业提供劳动，使企业得以实现盈利；企业向劳动者支付报酬，使劳动者得以生存发展。劳企双方如果能达成和谐的劳动关系，则能够实现共赢；反之，则会出现各种劳动纠纷或突发事件，造成各种损失。因此，学习劳动关系知识是职业院校劳动教育的重要组成部分。高校毕业生一旦步入职场或自主创业，就将成为劳动关系中的劳方或企业方。为了顺利开展工作，劳企双方均要掌握劳动合同管理、和谐劳动关系建立、劳动关系矛盾处理等基本知识。

（二）劳动能力

劳动能力培育，以专业知识学习为基础，主要让学生掌握相关技能，为以后更好地就业、更好地建设祖国做准备。广义的劳动能力，既包括生活、生产和服务性劳动的一般知识、技能与素养，也包括职业领域、专业领域中与具体工作相关的特殊知识、技能与素养。劳动能力是在认识和使用工具、从事劳动实践的过程中形成的，具体分为以下几种。

1. 使用工具能力

使用劳动工具是社会发展和时代进步亘古至今不变的动力。劳动的一个重要特征就是使用工具，从而提高劳动效率和发展社会生产力。当代大学生需要掌握：① 做饭、洗碗、洗衣服、叠被子、打扫屋子等普通家务劳动所需的技能；② 区分五谷、四季更迭、天气变化等方面的生活常识；③ 使用螺丝刀、老虎钳、扳手等生活小工具及家用电器所需的技能；④ 使用计算机办公软件及打印机、复印机、投影仪等日常工作设备所需的技能。

2. 组织与管理能力

良好的组织与管理是完成复杂工作任务的前提。现代社会工业技术水平越来越高，对劳动者组织与管理水平的要求也越来越高。充分发挥劳动者的组织与管理能力，可以最大限度地提高其工作效率和成功率，高效地获得劳动产品或劳动服务。作为大学生，可以从身边的小事做起，制订并执行一个持续性的劳动计划。例如，可以针对打扫宿舍卫生，制订一个月的劳动计划，并坚持执行，从而提高自己的组织与管理能力。

3. 创造性劳动能力

创造性劳动是指在创造性思维的支配下，具有科学知识和科学技术的劳动者，通过创造发明来改变人类与自然的物质交换过程，打破生产要素组合的均衡状态，形成新的劳动要素组合和新的劳动程序，使人类劳动在前所未有的程序下进行，从而加速人类物质财富和精神财富创造的生产活动。苏霍姆林斯基认为，创造性劳动能力包括以下内容：第一，用足够的知识、充实的智慧和精练的才干去丰富劳动内容，完善劳动过程，使劳动充满丰富的智力活动；第二，用新技术取代传统劳动方式，用机械化代替纯体力劳动，以减轻劳动强度，提高劳动效益。

职业院校的劳动教育要鼓励学生进行科技创新，让他们在社会实践中参与技术改造、工艺革新、先进技术推广等，并且将社会实践与学校的创新创业教育相结合，积极动员学生投入创新创业项目或学科竞赛中，以赛促创，以赛促新。

4. 合作性劳动能力

合作性劳动是指多人在生产生活中为获得共同利益、达到共同目的而合作进行的劳动。在现实生活中，合作性劳动能够带来超越个体的劳动力量，产生“1+1>2”的劳动效果，提高劳动效益，创造更大的劳动价值，带来多方共赢。在大学生劳动教育过程中，首先要让学生明白合作的重要性，学会尊重和欣赏他人，主动寻求合作伙伴；其次要让学生掌握分工协作的策略，在团队中各司其职，相互配合，共同完成目标；最后要让学生在合作中学会沟通与交流，懂得及时修正方案，调整策略。

（三）劳动情感与态度

劳动情感是指一个人基于情感满足需要的程度而形成的对劳动的良性心理体验和情感依赖关系。劳动态度是指一个人对劳动所持的肯定或否定的情感态度，反映了个体进入劳动行为的准备状态，是一种比较稳定的心理倾向。大学生劳动态度教育的目的是，使学生对劳动形成一种积极稳定的心理倾向，养成热爱劳动、尊重劳动、辛勤劳动、诚实劳动、合法劳动的习惯。大学生的劳动情感与态度应包括感知劳动乐趣、体会劳动光荣、厚植劳动精神等内容。

1. 感知劳动乐趣

要让学生对劳动乐趣形成真切的感知，主要可以通过以下三个方面实现：一是要引导学生在承担劳动的过程中获得愉悦的心理体验；二是要让学生在集体劳动中不但能感受到与他人交往的快乐，还能感受到取得劳动成果的乐趣；三是要让学生在辛勤劳动中感受到他人的赞许，在受肯定中感知劳动的乐趣。

2. 体会劳动光荣

结合学生的日常生活，以劳动创造价值的具体表现激发他们的劳动热情，让他们感受到劳动光荣，从而提高劳动教育的吸引力、感染力和影响力。要着重培养学生对劳动发自内心的认同感、自豪感和荣誉感，让他们将劳动光荣的价值理念渗透到头脑里，融入心灵中，表现在行动上。

3. 厚植劳动精神

劳动情感与态度教育目标的高级层次是引导学生破除“重学习、轻劳动”的固化观念，将对劳动的憧憬与热爱升华为高尚的奋斗精神、奉献精神。

（四）劳动价值观

大学生劳动价值观，是指大学生对劳动的目的、价值、意义等的根本看法和态度，是一套系统化、理论化的劳动价值意识。劳动价值观就像一根无形有力的指挥棒，对大学生当下和未来的劳动实践与劳动创造起着支配、调节、控制的作用，引导他们在现实生活中实现劳动价值。

1. 劳动积极观

大学生要能够理解马克思主义劳动价值观和习近平新时代中国特色社会主义劳动价值观。劳动教育要引导学生崇尚劳动、尊重劳动，树立劳动最光荣、劳动最崇高、劳动最伟大、劳动最美丽的观念，热爱劳动，乐于劳动，积极投入辛勤劳动、诚实劳动、创造性劳动活动中。

2. 劳动平等观

劳动教育要让学生体会劳动无贵贱之分，任何一项劳动成果都来之不易。大学生要养成尊重一切劳动成果的良好习惯，正确认识职业分类，深入了解职业内涵，懂得无论从事何种职业，只要热爱工作，努力勤奋，持之以恒，精益求精，最终一定能有所收获，做出成绩。

二、职业院校大学生劳动教育的特点

职业院校大学生劳动教育，要以习近平新时代中国特色社会主义思想为指导，既要适应时代要求，又要符合职业院校教育教学规律，还要根据大学生的特点提出有针对性的劳动教育方案。

（一）知识与实践密切结合

大学生所学的知识已经专门化，不管是文科、理科、工科还是其他学科的相关知识在将来都可以直接应用或服务于经济社会的建设和发展。但是，如果离开了实践环节，这些知识就会脱离经济社会而无法发挥正常的作用，课堂教育就失去了根基。大学生头脑聪慧、求知欲强、创造力强，能够完成多种学习任务，掌握独立生活的基本技能。为了让大学生毕业后更好地服务社会，需要通过大量的劳动实践活动，让他们亲历劳动过程，体会劳动创造的价值，从而提升劳动教育质量。

基于此，在大学生劳动教育中，教育者需要有意识地创设各类具有教育意义的实践

活动，并在活动中彰显学习者的主观能动性，尤其是要让学习者的身体在能动的实践中充分感知和体验，让他们在活动中习得并运用劳动知识和理论，在与不同主体和环境的多重互动中激活既有经验，在身体实践和体验中生成新的认知和智慧。

（二）脑力劳动与体力劳动相互融合

长期以来，职业院校教育都是以脑力劳动为主，以传授知识和技能为主要目的。劳动教育一定要做出改变，不能再将体力劳动与脑力劳动割裂开来，而应该以融合的思维看待它们，重视体力劳动中的智力因素，开展“体脑融合”的劳动教育。要让学生在劳动中不但有体力的参与，也有脑力的参与。从客观上看，新时代脑力劳动与体力劳动是一对孪生兄弟，没有可以完全脱离体力劳动的脑力劳动，否则脑力劳动将是无根之木、无源之水；也没有可以完全脱离脑力劳动的体力劳动，否则体力劳动将永远是费时耗力的低水平、低效益的简单动作。

（三）技能与价值观同时培育

职业院校教育的宗旨是培养德才兼备的有用人才。《纲要》指出，要“关注学生劳动过程中的体验和感悟，引导学生感受劳动的艰辛和收获的快乐，增强获得感、成就感、荣誉感”，要“注重让学生在学习和掌握基本劳动知识技能的过程中，领悟劳动的意义价值，形成勤俭、奋斗、创新、奉献的劳动精神”。这就意味着职业院校劳动教育既要注重学生劳动技能的培育，也要引导学生体认劳动的社会意义，让他们在劳动过程中感受到劳动对个人和社会的意义，并在这个过程中确立正确的价值取向，自觉地学习并锤炼劳动技能，自觉地参与各种有益劳动。

（四）直接劳动与间接劳动相辅相成

在教育学中，“直接教育”是一种以教师为中心的策略，主要由教师提供信息，适合进行事实、规则、动作序列的教学；而“间接教育”则是一种教授和学习方式，以探寻、解决问题及发现学习为主，适合进行情感、态度和思想品质的教学。当代大学生的思想变化是复杂的、难以捉摸的，不过有三种变化趋向则是相当清晰的：一是自我实现意识增强；二是自我判断、自我体现意识增强；三是个体意识增强。表现在劳动教育上就是，他们不再习惯于被动地接受劳动教育，厌恶和排斥单一劳动观念的灌输，不满足于简单地接受某种现成的观点和结论，而是要求主动地探索自己所关心的社会问题，参与劳动教育活动，独立自主地做出判断和取舍。

因此，要想提升当代大学生劳动教育的有效性，一方面要努力保持间接劳动教育与直接劳动教育的一致性；另一方面还要积极探索间接劳动教育的视域，特别是教师应提升间接劳动教育的自觉性。教师有必要、有义务揭示劳动所隐含的意蕴并转述为学生能够理解、接受的表达，让学生真正认识到劳动的价值所在和幸福所向，使其内心选择真正落实到“我应该”的层面，在体、智、德、美等各个方面获得切实有效的提升。比如，职业院校教师应该引导学生关注校园生活中的平凡劳动者，如厨师、园丁、保安等人群对学校的贡献；应该利用榜样的力量对学生进行潜移默化的教育，让他们从中感受到劳动的价值和力量。

（五）强化职业观教育

大学生作为即将进入社会工作的群体，正确合理地择业和就业是他们的必修课。因此，大学生劳动教育需要强化职业观教育。一是要帮助大学生树立正确的职业观，引导他们在劳动过程中感受职业对个体的重要意义，感受职业对他人、家庭、学校、社会、国家等的重要意义，进而引导他们正确看待职业分类，深入了解职业内涵，找准职业定位，意识到只有既能让个体充分发挥才能，又对他人、家庭、学校、社会、国家等有价值的职业才是合适的职业，从而做好自己的职业生涯规划。二是要以大学生的择业、就业和创业为导向，帮助他们提升在学习和工作中分析、解决问题的能力，树立正确的就业观。

三、职业院校大学生劳动教育的途径

为了保证大学生劳动教育常态、有序、有效地开展，达成“树德、增智、强体、育美”的目标，必须从理论学习和实践锻炼两个方面拓展劳动教育的途径。

（一）学习途径

1. 独立开设劳动教育必修课程

职业院校为确保劳动教育有序、有效开展，必须将其课程化，将其纳入各专业教学的总体计划之中，制订劳动课程计划、劳动课程标准和劳动课程方案。在学校各专业人才培养方案中设置“劳动教育课程”，作为人才培养过程的重要环节，明确课程性质、课程学分及课程学时要求，并且根据各专业特点丰富劳动教育课程内容，注重实践过程体验，规范课程考核，推动劳动教育课程建设与组织实施。

2. 在专业课和公共必修课教学中融入劳动教育

劳动教育不只是劳动教育课程的事，职业院校还应该发挥课堂育人主渠道的作用，所有课程在教学过程中都应该以独特的视角体现劳动教育的意义，即职业院校应该在上好劳动教育课程的同时，真正实现“课程劳动教育”。

在专业理论课教学中，可以融入劳动元素，如劳动创造历史、劳动创造财富、劳动不分贵贱的马克思主义劳动观，歌颂劳模、普通劳动者的选文材料和典型案例，阐释勤俭、奋斗、创新、奉献等中华民族优良传统的内容，加强对学生辛勤劳动、诚实劳动、合法劳动、科学态度、规范意识、创新精神等方面的教育；在专业实践课教学中，主要与专业服务、实习实训、科学实验、社会实践、毕业设计等相结合，注重分析相关劳动形态的发展趋势，强化劳动品质培养；在公共必修课教学中，进一步强化马克思主义劳动观教育、劳动相关法律法规与政策教育，强化道德引领和精神塑造。

3. 在创新创业教育中开展劳动教育

《意见》指出："高等学校要注重围绕创新创业，结合学科和专业积极开展实习实训、专业服务、社会实践、勤工助学等。"《中国教育现代化2035》指出："弘扬劳动精神，教育引导学生崇尚劳动、尊重劳动，树立以靠辛勤劳动创造美好未来的观念。强化实践动手能力、合作能力、创新能力的培养。"这就意味着新时代创业者不但要有力量，还要有智慧、有技术、能发明、会创造。因此，职业院校的创新创业教育中要融入劳动教育，弘扬劳模精神、劳动精神和工匠精神，提高大学生对劳动的认识水平，使之真正投身到创造性劳动实践中，夯实未来创新创业的基础。

4. 与思想政治教育有机结合

新时代职业院校要坚持把"立德树人"作为一切工作的根本任务和中心环节，坚持"弘扬特色创一流、崇尚劳动育英才"，将"劳动情怀深厚"写入人才培养目标，坚持发挥"劳动模范在身边，大国工匠在校园"的独特育人资源优势，推动劳模精神、劳动精神和工匠精神进教材、进课堂、进头脑，探索将劳动教育与思想政治教育有机结合，逐步形成与学校办学定位相契合、与人才培养目标相一致的劳动教育格局。

（1）开设劳动思政慕课。

职业院校可以自建或引进优秀的慕课，如"大国工匠""大国崛起"等优质在线开放课程，通过教师讲解、观看视频等方式，用鲜活的素材和生动的人物事例阐释新时代劳模精神。

（2）选聘一批劳模导师。

职业院校可以聘请劳模担任大学生德育导师或兼职辅导员，增强劳模精神潜移默化的影响力，强化劳模品质对大学生的日常引领作用，为学校思政教育工作队伍注入新的力量，做到全员、全过程、全方位育人。

（3）充分发挥劳动榜样的示范带动效应。

职业院校可以通过"劳模大讲堂""大国工匠进校园""优秀毕业生报告会"等开展劳动榜样人物进校园活动，组织劳动技能和劳动成果展示活动。综合运用讲座、宣传栏、新媒体等手段广泛宣传榜样人物的劳动事迹，特别是身边普通劳动者的先进事迹，让师生在校园里近距离接触劳动模范、聆听劳模故事、观摩精湛技艺，感受并领悟勤勉敬业的劳动精神，争做新时代的奋斗者。

（二）实践途径

1. 日常生活劳动

日常生活劳动是指向自我的，可以理解为一种自我服务性活动和生存性劳动教育，旨在提升学生的日常生活自理能力。通过日常生活劳动教育，帮助学生掌握一定的日常生活知识，形成日常生活技能，提升生活自理能力。职业院校可以结合本校实际，联合家庭和社区，开展校园生活劳动实践。

2. 生产劳动

生产劳动是指体验性、实验性和创造性劳动，可以理解为一种专业化劳动教育，旨在提升学生的专业化、技术性劳动生产能力。生产劳动教育旨在帮助学生获得专业化劳动生产能力和创造性劳动生产能力。大学生生产劳动实践是一种学习性、实验性劳动，是一种做中学的教育活动，它不是一种休闲娱乐性劳动或纯粹的生产劳动，如养花、养宠物，或者到工厂、农田进行即时性的劳动，而是一种具有教育性、文化性和学习性的劳动，是在教师的指导下，带着学科专业知识，走进生产劳动场所开展的验证、实验、体验的创造性劳动。为此，一定要让学生将所学的学科知识与生产劳动结合起来，将相关学科的基本概念与范畴、普遍规律与原则、策略与方法等静态的知识，与具体的生产劳动联系起来，使学生理解所学学科知识的现实价值，并将其重新建构为自我知识与技能体系，借此培养学生的创造精神和创新能力。

3. 服务性劳动

服务性劳动是指向他人的，是为他人生活提供服务的劳动。通过服务性劳动教育，可以培养学生的服务意识、助人意识和社会责任感。职业院校要根据人才培养目标，结合学生的年龄、生活经验等，选择与设计出有利于社会和谐发展的、结构化的服务性劳动，让学生以志愿者的形式参与服务性劳动实践，并在此过程中提升服务意识，增强社会责任感。服务性劳动必须保持其教育性，服务内容既要与社会需求接轨，又要与学校相关课程联系起来，要让学生用学到的知识、技能为社会服务，为群众服务，力所能及地解决相关问题。

拓展阅读

学徒制

秋山利辉，日本“秋山木工”的创始人，近年来因其倡导的独特育人方式——学徒制，而被社会广泛关注。“学徒制”是徒弟在手工坊或店铺里现场学习知识或劳动技能的传艺活动。在实际工作场所，学徒认真观察师傅的实作，感知师傅的知识与技术，然后在师傅的指导下进行实际操作，逐渐学会师傅的技能。

为了把年轻的学徒培养成一流的家具工匠，秋山利辉制定了一系列非常严苛的规矩。比如，无论男女都要剃寸头，从清晨干活到深夜，并且不能使用手机；每天都要完成101%的任务；每天都要写修业日记，记录钻研技术的心得和师长、父母的评语；等等。然而，秋山利辉并不是一个冷血的师傅，他对每一个学徒都充满了爱，只要学徒学有所成，他就会鼓励他们到社会上去闯荡，还给学徒提供好的工作机会。秋山木工的学徒个个待人诚恳、勤奋好学，立志要做一流的匠人，回报父母、回馈家乡。他们在秋山利辉的培养下，用诚心体会他人的需求，力求制作出让客户满意的产品。

学徒制在日本江户时代比较盛行，进入明治维新后，企业追求快速做大、做强，这种制度逐渐消失。而现在秋山利辉却重启学徒制，并取得了卓越的成效。这是因为秋山利辉认为，学徒制以培养一流的工匠为目的，技术精湛固然重要，但德行、人品、奉献精神更为重要，传承主要靠“德行”和“人品”，然后才是技术的修行。

其实，淬炼心性、养成自己、热爱工作和乐于奉献的匠人精神，正是我们新时代劳动教育追求的劳动精神。

实践活动

“致敬普通劳动者”主题活动

所有美好生活都要靠劳动创造，每位劳动者都应得到承认和尊重。正是环卫工、建筑工、保安员、快递员等基层劳动者用辛勤的汗水和无私的付出，为社会创造价值，为人民服务，才创造了美丽的城市和美好的社会。每个职业都是高尚的，我们应该学习劳模精神，向身边默默奉献的普通劳动者致敬。

请以小组（5 人左右）为单位，组织一次“致敬普通劳动者”的主题活动，选择一个劳动者个体或群体，向他（们）致敬。致敬的方式不限，可以是个人向劳动者献花送水，也可以发动社会力量为他们谋求福利，等等。要求有详细的活动过程记录（可以是图片或视频），且有深刻的心得体会。

【过程记录】

活动计划
活动关键点

活动难点及解决方案
心得体会

【结果评价】

“致敬普通劳动者”主题活动评价表

评价标准	分值	得分小计	教师评价
提前做好活动方案的策划	20		
活动形式有新意且效果显著	20		
分工合理，每位成员均积极参与	20		
活动过程记录详细	20		
活动的体会深刻	20		

“讲好劳模故事，弘扬劳模精神”演讲活动

党史承载着红色历史，铭刻着红色记忆，流淌着红色血液，凝结着红色传统。习近平总书记强调，我们要讲好党的故事，把红色基因传承好。在中华大地上，每一件红色文物、每一个红色故事、每一片红色沃土都孕育着与之一脉相承的精神，构筑起中国共产党人的精神谱系。

请以小组（3—5 人）为单位，组织一次“讲好劳模故事，弘扬劳模精神”的演讲活动，重走红色之路、追溯红色记忆、访谈红色人物、挖掘红色故事、体悟红色文化，感受党的红色精神伟力。以小组为单位讲述经典红色故事，以演讲形式呈现，可使用道具辅助，PPT、图片、视频皆可，时间控制在 5~10 分钟。

【活动安排】

初赛阶段：3—5 人一组，进行初赛。

决赛阶段：选取初赛前五名进入决赛，最终根据评比结果确定本次活动的前三名并给予奖励。

【过程记录】

活动计划
活动关键点
活动难点及解决方案
心得体会

【结果评价】

“讲好劳模故事，弘扬劳模精神”演讲活动评价表

评价标准	分值	得分小计	教师评价
演讲内容：紧扣主题，富有真情实感，层次分明	30		
语言表达：语言准确，语速适中，清晰流畅	25		
仪态表情：举止得体，自信大方	25		
整体情况	20		

第二章

关于劳动

第一节　劳动概述

名人名言

劳动创造世界。

——马克思

一、关于劳动

（一）劳动的概念

马克思认为，劳动是劳动者有目的地改造自然的活动，处理的是人与自然的关系。现代语境下的劳动通常被定义为人类创造物质或精神财富的活动，包括体力劳动和脑力劳动。因此，劳动不单单指人类为了在社会中生存，为了满足物质需求而进行的日常活动，它还是一种精神活动，是人类社会一项最基础的实践活动。

劳动是人类特有的基本的社会实践活动，也是人类社会赖以生存和发展的基础。恩格斯在《劳动在从猿到人转变过程中的作用》一文中，详细地论述了劳动在这一过程中所发挥的重大的具体的作用。[1] 正是通过劳动，猿才慢慢学会直立行走，开始使用工具进而制造工具，并逐渐创造出语言以满足群体生活，最终创造历史。同时，人类又通过劳动创造、积累物质财富，提高生产力水平，推动社会发展和文明进步。如果世界上没有劳动，那么人类还只是在森林里弯着身子行走的古猿，我们的城市就不会有拔地而起的高楼，我们更不会有现在舒适便捷的生活。因此，劳动也是创造一切物质财富和精神财富的根源。对于个人而言，在劳动过程中，学习劳动技能，探索劳动方法，总结劳

〔1〕 黄济. 关于劳动教育的认识和建议［J］. 江苏教育学院学报（社会科学版），2004，20（5）：17.

动经验，培养自身热爱劳动的优良品质，这些都在无形中增强了个人的体质，锻炼了个人的思维方式，提升了个人的动手实践能力，形成了个人高尚的道德情操。一个人如果停止了劳动，就停止了向前迈进的步伐，如同逆水行舟，不进则退，终有一天会被社会淘汰。只有热爱劳动、甘于奉献的人，才能实现自身的价值，成就最有价值的自我。

拓展阅读

纪录片推荐

1. 创新筑梦：《超级工程》《创新中国》《大国工匠》《大国重器》

徐立平：最“危险”的“雕刻艺术家”

徐立平的工作就是给火箭的固体燃料形面施行微整形雕刻，这是固体发动机制造过程中最危险的工序之一。0.5 毫米是这种固体火药表面精度所允许的最大误差，作为中国航天科技集团有限公司第四研究院 7416 厂高级技师，徐立平仅用手触摸一次，就能准确测出需要切削部分的尺寸，精度误差不超过 0.2 毫米。在工作中，徐立平还不断创新，他先后设计发明了二十多种药面整形刀具，有两种获得国家专利，一种还被单位以他的名字命名为“立平刀”。

2. 工匠精神：《传承》《手艺》《我在故宫修文物》

王津：修复千件零件的“迷宫”钟表

在几十年的工作中，王津修复了数千件珍宝。其中，让王津印象最深刻的要数一座“变魔术人钟”。这座钟构造繁复，共有 1 000 多个零件，组装成了 7 套系统、5 套机械联动，底盘的齿轮多得就像一个“迷宫”，他和徒弟亓昊楠两人前后花了一年多的时间，才把它修好。钟表的修复技艺是唯一在故宫里绵延下来、没有断层的非物质文化遗产。如今，钟表修复室里只有他和徒弟两人。再过几年，王津就到退休年龄了，可故宫钟表还有上千件，一个人的一生是修不完的，需要靠一代一代师徒传递来完成。

3. 国家建设者：《劳动铸就中国梦》《中国建设者》《建设者》

王进：高压电线上的“舞者”

当你看到有人两脚踩在 100 米高空的高压线上，身体悬空时，要知道这不是杂耍，这是一份工匠的工作。“每个人都会害怕，我们只能克服自己的恐惧来完成这个工作。”王进，一位国家电网带电作业组组长，已经徒手爬过 2 000 多个高压铁塔的他，在面对 1 000千伏特高压线路、各种严峻的新挑战时，还是会悚然心惊。

（二）劳动的分类

1. 马克思关于劳动的经典分类

马克思在《资本论》中，从生产劳动的意义上将劳动分为脑力劳动和体力劳动。顾名思义，这是根据付出的劳动属于脑力还是体力划分的。脑力劳动和体力劳动最初的分化是资本家将监督管理奴隶的工作交给了特定的雇佣工人，这部分人摆脱了体力劳动成为监工，于是雇佣工人被划分为干体力活的劳工和干脑力活的监工，这是体力劳动和脑力劳动最初的形式。到了机器大工业时代，科技的发展使体力劳动和脑力劳动进一步分离，尽管负责检查、维修机器的工程师或机械师等劳动者也需要付出体力，但他们由于拥有科学知识或手艺，因此属于总体工人中的脑力劳动者。[1] 到了当代，科技已经成为推动社会发展的重要力量，科技与生产的结合也越来越紧密，越来越多过去人们认为的脑力劳动渐渐变成了基本的生活技能，而未经专门训练的劳动者也越来越少。因此，单纯地将劳动划分为体力劳动和脑力劳动已经不再适应当代发展的需要。

2. 新时代关于劳动的分类

随着科技与生活生产相互融合，越来越多过去人们认为的简单的体力劳动，也不同程度地需要脑力的协作。比如，原先种地的农民只能依靠简单的生产工具，通过体力劳动的方式完成播种、施肥、浇水、收获，但现在智慧农民越来越多，他们背后有先进的机械和强大的科技支撑，种地已经不再是简单的体力劳动，甚至需要经过专门的训练和教育方能从事。因此，根据劳动过程中的创造性，可以将劳动大致分为以下三类：

一是基础性劳动，指一个社会在一定时期内作为一名普通劳动者都应该能够从事的、创新程度较低的一种劳动。比如，打字员、司机等劳动者从事的劳动，同样需要经过培训才能掌握，但在当代它们并不属于专门的技术。基础性劳动的重复性较大，创新性较低，它是绝大多数社会成员都能够从事的相对简单的劳动，并且是其他劳动形式产生的基础。

二是程序性劳动，指需要经过较长时间专门训练和具有一定创新性、介于体力劳动与脑力劳动之间的带有重复性的一种劳动。比如，自动化程度很高的工厂中的操作人员、服务领域的一般职员等劳动者从事的劳动，虽然体力劳动占比较少，但通常已有一套劳动制度、劳动程序，因此只需要简单地再现即可，无须更多的创造。

三是创造性劳动，指以智力消耗和知识创新为主要特征，需要经过长期严格训练的非重复性的一种劳动。比如，科学家、高级工程技术人员、艺术家、作家、高级经理人才等，他们的劳动均属于此类劳动。这种劳动是一种高级劳动，其本质特征在于探索和创新，一般需要经过长期的专业训练和深厚的知识能力积淀才能形成。随着社会的发展，这种劳动对社会的推动作用越来越大。[2]

此外，还可以根据劳动的复杂程度，将劳动分为简单劳动和复杂劳动；根据劳动的成效，将劳动分为低效率劳动和高效率劳动。

---

〔1〕张林忠. 关于《资本论》中的脑力劳动和体力劳动分工问题 [J]. 经济理论与经济管理，1984 (4)：28-32.
〔2〕冯亮，冯明放. 科技进步条件下劳动形式的划分 [J]. 财经科学，2015 (1)：61-62.

二、关于劳动教育

劳动教育是一种以培养学生劳动价值观为核心目标，同时提高学生劳动技能的教育。作为一种培养劳动价值观的教育，它与德育相关；作为一种培养劳动技能的教育，它又与智育相关。事实上，并不能简单地把劳动教育划归德、智、体、美中，因为它不是一种素养教育，而是一种人格教育，它包含德、智、体、美四育，同时又有其自身的实践内容。劳动教育更像是德、智、体、美基本素养培育之后，走向真正意义上的社会劳动的中间环节。学生并不是真正的工人、科学家或农民，学生进行的劳动也并不是严格意义上的现实的劳动。对学生开展劳动教育的终极意义，是让学生养成勤于劳动、善于劳动、热爱劳动的良好品质，进而使每个人自驱成为全面发展的人。劳动教育主要以四种形式存在：一是日常生活劳动；二是生产劳动；三是服务性劳动；四是研究性劳动。对于职业院校来说，对学生的劳动教育主要是前三种形式。

第二节 劳动价值观

名人名言

没有年轻一代的教育和生产劳动的结合，未来社会的理想是不能想象的：无论是脱离生产劳动的教学和教育，或是没有同时进行教学和教育的生产劳动，都不能达到现代技术水平和科学知识现状所要求的高度。

——列 宁

一、马克思的劳动价值观

（一）历史唯物主义视角下的劳动价值观

马克思的历史唯物主义就是用劳动的观点来认识和把握现实世界的发展，或者说，历史唯物主义正是在劳动发展史中才找到了理解全部人类历史的入口，历史唯物主义在一定程度上就是马克思的劳动史观。

1. 历史唯物主义视角下劳动价值观的内涵解析

具体来看，在历史唯物主义的视域中，马克思对人类劳动的基本价值进行的分析主要表现为劳动创造世界、劳动创造历史和劳动创造人本身这三大主张。

第一，劳动创造世界。马克思认为，构成人类赖以存在的现实世界的关键要素之一正是人的劳动，而且这种劳动并不是抽象层面的劳动，而是现实生活中人的感性物质劳动，即作为人类实践活动最基本形式的“生产劳动”。胡锦涛认为，劳动是人类文明进步的源泉，劳动创造世界。在我们社会主义国家，尤其要使热爱劳动、勤奋劳动、尊重劳动、保护劳动蔚然成风。要尊重和保护一切有益于人民和社会的劳动，尊重和保护一切为我国社会主义现代化建设做出贡献的劳动，努力形成劳动光荣、知识崇高、人才宝贵、创造伟大的时代新风，不断增强全社会的创造活力，让全体人民特别是广大青少年都懂得并践行劳动最光荣、劳动者最伟大的真理。

第二，劳动创造历史。马克思说：“人们为了能够‘创造历史’，必须能够生活。但是为了生活，首先就需要吃喝住穿以及其他一些东西。因此第一个历史活动就是生产满足这些需要的资料，即生产物质生活本身，而且这是这样的历史活动，一切历史的一种基本条件，人们单是为了能够生活就必须每日每时去完成它，现在和几千年前都是这样。”〔1〕因此，在他看来，只有人类的生产劳动才真正构成了人类历史的基础，才是解开人类历史发展秘密的钥匙。此外，我们伟大的中华民族就是以辛勤劳动著称的民族，中华民族正是凭借热爱劳动的激情和一代代人的辛勤劳动，才战胜了无数的艰难险阻，一步步走向繁荣，创造出了光辉灿烂的中华文明。人类的发展史其实就是一部劳动史，人类生存所必需的物质资料，不是老天恩赐的结果，而是劳动人民用辛勤的劳动创造出来的。因此，马克思认为，劳动作为人类最基本的社会实践活动，是无比光荣、伟大的。

第三，劳动创造人本身。马克思深刻指出，劳动不但创造了人类的物质世界和社会历史，同时也创造了人类自己。“劳动首先是人和自然之间的过程，是人以自身的活动来引起、调整和控制人和自然之间的物质交换的过程。”〔2〕为了能够在对自身生活有用的形式上占有自然物质，人类必须使自己身上的自然力——臂和腿、头和手运动起来，而当人类通过这种运动作用于他身外的自然并改变自然时，也就同时改变了他自身所处的社会生活及人类本身。恩格斯指出，劳动和工具的制造在人的形成和人类社会诞生的过程中起着决定性作用。有政治经济学家认为，劳动是财富的源泉。其实，劳动和自然界合在一起才是财富的源泉，自然界为劳动提供材料，劳动把材料变为财富。恩格斯之所以高度重视劳动在这中间所起的作用，不仅是因为劳动是人类与一般动物的主要区别，而且也是因为劳动促进了猿人手脚的分工和直立行走，促进了猿人大脑智力的发展和语言交流的产生，最终使猿人进化为人。因此，劳动的作用远不止于此，劳动是整个人类生活的第一个基本条件，以至我们在某种意义上不得不说：劳动创造了人本身。

---

〔1〕马克思，恩格斯．马克思恩格斯选集：第一卷［M］．2版．北京：人民出版社，1995：79.

〔2〕马克思．资本论：第一卷［M］．北京：人民出版社，1975：201-202.

2. 历史唯物主义视角下劳动价值观的意义

一方面，马克思的劳动价值观为构建社会主义和谐社会奠定理论基础。在马克思看来，和谐劳动指公平正义的、快乐体面的、自由创造的劳动。构建和谐的劳动关系，其核心是坚持公平正义的价值原则，这是衡量社会文明进步的标尺。当前，一些地方政府为了促进当地的经济发展，吸引投资者投资，加大对生产要素的分配比例，从而导致劳动者和非劳动者的分配严重失衡，违背了社会主义分配的基本原则。实践证明，只有劳动者平等地享有社会主义社会的劳动成果和福利，构建和谐社会才能成为可能。马克思的劳动价值观对我国规范市场秩序、构建公正合理的劳动关系具有重要的理论价值，它能加快促进和谐社会的形成，成为实现共产主义最高理想必不可少的一部分，同时有力论证了资本主义必将被社会主义取代的历史规律。

另一方面，马克思的劳动价值观有利于社会主义社会的主体树立正确的劳动价值观。马克思认为，只有从本体性、整体性中把握，才能超越现实，认识事物的本质。因此，我们不但要从内涵上明确马克思劳动价值观的形式，也要从外延上理解创造价值的劳动不止有物质生产劳动，还有非物质生产劳动。尽管当前社会主义社会劳动形式更加丰富，但体力劳动仍然是现实中的劳动主体，在社会主义市场经济条件下，我们承认生产要素参与分配，但并不承认生产要素直接生产价值。习近平总书记在 2019 年庆祝“五一”国际劳动节暨表彰全国劳动模范和先进工作者大会上指出：“我们一定要在全社会大力弘扬劳模精神、劳动精神，大力宣传劳动模范和其他典型的先进事迹，引导广大人民群众树立辛勤劳动、诚实劳动、创造性劳动的理念，让劳动光荣、创造伟大成为铿锵的时代强音，让劳动最光荣、劳动最崇高、劳动最伟大、劳动最美丽蔚然成风。”〔1〕事实上，离开劳动，创造没有实践渠道；没有劳动，知识不会成为有利于社会主义发展的力量。同时，我们应高度重视高素质劳动者的培养，建立学习型社会，让社会各阶层的劳动素质得到提升，为建设社会主义和谐社会积蓄力量。社会主义社会的主人是劳动者，尊重劳动者是社会主义的价值旨归，应在全社会形成“劳动光荣”的价值观念和尊重劳动、尊重劳动者的价值理念，纠正在劳动问题上的不正确认识。

（二）政治经济学理论中的劳动价值观

马克思劳动价值观最核心的理论基础是商品二因素理论和劳动二重性学说。

马克思通过对商品的研究，阐明了科学的劳动价值论。对于劳动价值的研究，马克思从商品入手，分析“使用价值”和“交换价值”，而不是从价值概念出发，从而得出商品二因素理论。首先，他指出使用价值就是物的有用性，这种有用性取决于物的本

〔1〕 习近平．习近平在庆祝“五一”国际劳动节暨表彰全国劳动模范和先进工作者大会上的讲话［EB/OL］．(2019-04-24)［2022-07-10］．http://www.qstheory.cn/2019-04/24/c_1124408808.htm.

身，因而它是商品的自然属性。其次，他把“价值”从“交换价值”中分离出来，进一步说明“价值”“交换价值”“价格”之间的关系，并指出“价值是交换价值的基础”“交换价值是价值的表现形态”“价格则是价值的货币表现”，区分“价值”与“使用价值”。马克思的商品二因素理论是马克思劳动价值论的出发点和理论基础。

马克思在政治经济学史上第一次提出劳动二重性。劳动二重性是在商品二因素的基础上推演出来的，他将劳动分为“抽象劳动”和“具体劳动”。抽象劳动是指人类劳动在生理学意义上的耗费，它形成商品的价值；具体劳动是指人类劳动在特殊的、有一定目的形式上的耗费，它形成商品的使用价值。一切劳动都是抽象劳动和具体劳动的统一，即劳动二重性由商品二因素决定，商品的价值由抽象劳动形成，商品的使用价值由具体劳动形成，体现了劳动二重性和商品二因素的内在联系。马克思进一步指出，生产商品的劳动是抽象劳动和具体劳动的对立统一。对立可以从两个方面看出：一是具体劳动是生产力的主要表现，生产力与使用价值成正比，与抽象劳动无太大关系；二是生产力的提高会减少生产时间，从而减少商品价值量的总和。也就是说，在生产力逐渐提高的情况下，社会财富日益增加，而价值量相对减少。这可以很好地解释现代科技运用下价值创造与财富创造在量上出现不一致的状况。统一则是指抽象劳动和具体劳动是一项劳动两个方面的体现，而不是相互独立的。

1. *政治经济学理论中劳动价值观的内涵解析*

马克思将劳动作为构建政治经济学体系的基础概念，并对处于一定生产方式下从事劳动的人进行了深入研究，试图创建政治经济学意义上的劳动价值论。其回答的主要问题是价值由谁创造、被谁占有及如何分配。具体来看，在政治经济学的语境中，马克思的基本主张包括：劳动是商品价值的唯一源泉，劳动剥削是资本主义的社会本性，按劳分配是实现社会正义的重要原则。

第一，劳动是商品价值的唯一源泉。马克思把商品看作使用价值和价值的统一体，拥有不同形式的具体劳动主要决定商品的使用价值，而凝结在商品中的一般的、无差别的抽象劳动则是形成商品价值的唯一源泉。马克思非常强调商品的价值是由劳动者创造的，要生产出一种商品，就必须在这种商品上投入或耗费一定量的劳动。而我们如果承认某种商品具有价值，也就是承认在这种商品中有着一种体现了的、凝固了的或所谓结晶了的社会劳动。虽然当代社会的劳动形态已经发生巨大变化，但劳动是商品价值的唯一源泉是颠扑不破的真理。

第二，劳动剥削是资本主义的社会本性。马克思通过对资本主义社会生产过程的全面剖析，认为资本主义社会生产过程的价值增值和财富快速积累的全部基础，就在于资本家对雇佣工人剩余劳动的剥削。这里的“剩余劳动”主要是指一切为养活不劳动的人而从事的劳动，而且支配着这种剩余劳动的不是工人，而是资本家。因此，所谓的“劳动剥削”，就是指资本家对雇佣工人的剩余劳动的无偿占有。劳动剥削是资本主义的社会本性，劳动剥削导致了资本主义社会不同阶级的对立，即必要劳动和剩余劳动的分裂直接形成了劳动者阶级与剥削阶级的对立。

第三，按劳分配是实现社会正义的重要原则。按劳分配是马克思关于未来社会分配制度的一个重要构想：在以生产资料公有制为基础的集体社会中，不管个人“所创造的或协助创造的产品的特殊物质形式如何，他用自己的劳动所购买的不是一定的特殊产品，而是共同生产中的一定份额”[1]。人类参与劳动的形式直接决定了人类进行劳动成果分配的形式，而这就是马克思按劳分配理论中多劳多得、少劳少得、不劳不得的原型。马克思的按劳分配理论，总体上就是指由劳动者占有其生产的全部产品，或者分配到与其劳动量相当的全部价值。可见，这种“劳动者得其应得”的分配方式关注的是对分配行为的道德衡量和价值评价，是从根本上否定不劳而获的剥削分配制度，故而被马克思看作实现社会正义的重要原则，体现了对具备不同劳动能力的劳动者有效劳动的承认，也体现了对不同劳动者之间正当、合理性差异的承认。

2. 政治经济学理论中劳动价值观的意义

马克思的劳动价值观是构筑马克思主义哲学和马克思主义政治经济学的重要基石。古典政治经济学家对价值理论的研究存在一个普遍问题，就是不能正确区分商品的交换价值和使用价值。马克思从商品入手，不仅区分了交换价值和使用价值，而且还从交换价值中抽象出了“价值是凝结在商品中的无差别的人类劳动”，肯定了人的活劳动是创造价值的唯一源泉，这是坚持马克思劳动价值论的“硬核”。马克思从商品二因素出发创立了劳动二重性学说，建立了政治经济学说史上最完整、最科学的劳动价值理论。在一切商品中，只有劳动力商品的使用价值是价值和剩余价值的源泉，马克思道破了商品的秘密，即劳动创造价值的过程，就是活劳动转移旧价值并创造新价值的过程，也是人的脑力和体力凝结在商品中，赋予商品原材料新用途、新生命的过程。在资本主义商品拜物教、货币拜物教的魔力之下，人们崇拜资本，崇拜财富，认为是这些物质的东西给了人类掌控社会的力量，却看不到人的劳动的真正力量。马克思在政治经济学中解释了科学的劳动价值理论，揭示了商品生产的基本矛盾——无产阶级和资产阶级的关系，从而揭示出资本主义产生、发展、灭亡的规律，肯定了人的劳动在创造价值过程中的主体地位。

（三）马克思关于教育与劳动相结合的论述

劳动及劳动价值观在马克思、恩格斯的教育论述中占据着核心位置，马克思、恩格斯关于教育问题的一些重要观点和结论都紧紧围绕着劳动价值观展开，劳动及劳动价值

〔1〕马克思，恩格斯．马克思恩格斯全集：第四十六卷（上册）［M］．北京：人民出版社，1979：119.

观在一定程度上为整个马克思主义教育学的最终形成提供了理论依据和方法论指导。

1. 教育学情境中劳动价值观的内涵解析

具体来看，在教育学的基本理论视野中，马克思认为，劳动形成人的本质，劳动是实现人的全面发展的重要途径，教育与生产劳动相结合是社会主义教育的根本原则。

第一，劳动形成人的本质。“人的本质不是单个人所固有的抽象物，在其现实性上，它是一切社会关系的总和。”[1] 教育的对象是人，面向人的教育同时也面向人身上所带有的社会关系，这就要求我们在考察教育对人的作用时，必须以人的社会关系为考察的起点。而在人的社会关系建构中，人的生产劳动是建构其社会关系的主要载体，人正是通过生产劳动才形成了现实的社会关系。社会关系并不是一种独立于或强加于人的事物，而是内生于人的生产劳动之中。基于此，马克思认为，生产劳动对个人具有决定性的意义。他说：“个人怎样表现自己的生活，他们自己就是怎样。因此，他们是什么样的，这同他们的生产是一致的——既和他们生产什么一致，又和他们怎样生产一致。”[2] 因此，研究发生在人身上的教育，就是研究人是如何学会通过劳动来生产自己需要的生活资料的，就是研究人与人之间具体的生产劳动关系是如何影响人自身的生产的。对此，马克思、恩格斯进行了总结，认为为了能够得到通晓整个生产系统的人，教育就必须让年轻人不断地接受各种形式的生产劳动，并轮流从一个生产部门转到另一个生产部门。可见，在马克思、恩格斯看来，劳动形成人的本质，劳动也是发生在人身上的教育。教育既承载于劳动，又服务于劳动。一方面，教育的目的是提高人的劳动能力；另一方面，承载着教育功能的劳动本身也使人能够不断丰富自己的精神，拓展自己的才能，实现自己的成长。

第二，劳动是实现人的全面发展的重要途径。马克思、恩格斯通过对人类社会发展的历史考察，特别是对工场手工业取代个体手工业，进而走向机器大工业历史进程的考察发现，不合理的社会分工会造成人的片面发展，从而提出现代教育的目标就在于实现人的全面发展。值得注意的是，马克思、恩格斯最初所说的人的全面发展，并不是指人在德、智、体身心各方面都得到发展，而是指人的劳动能力的全面发展。具体来讲是使人的生产劳动才能得到充分的发展。[3] 人的劳动能力主要分为体力和脑力两种。体力是人体所具有的自然力，脑力则是人在精神方面的生产能力。马克思、恩格斯之所以如此强调人的劳动能力的全面发展，主要是因为当时社会分工的精细化已经导致人的劳动能力逐渐丧失整体性。体力劳动和脑力劳动的分离，以及体力、脑力的各自片面发展，在一定程度上都将限制和破坏人发展的全面性，而“当一切专门发展一旦停止，个人对

---

〔1〕 马克思，恩格斯．马克思恩格斯选集：第一卷［M］．2版．北京：人民出版社，1995：56.

〔2〕 马克思，恩格斯．马克思恩格斯选集：第一卷［M］．2版．北京：人民出版社，1995：67-68.

〔3〕 靳希斌．马克思恩格斯教育原理简述［M］．北京：北京师范大学出版社，1992：109

普遍性的要求以及全面发展的趋势就开始显露出来"[1]。因此，只有全面提高人的劳动能力，才能使人有能力适应工种的变化和创造出更多的劳动财富，而这启示我们生产劳动对人的全面发展起着重大作用，也要求我们实现教育与生产劳动的内在结合。总的来看，劳动作为人类实践活动的最集中表现，促进人的劳动能力的充分发展意味着劳动的内容和形式达到了完整性、丰富性和可变动性，这无疑能够进一步实现人的能动性、创造性和自主性的全面发展。

第三，教育与生产劳动相结合是社会主义教育的根本原则。马克思在教育思想上特别强调教育要与生产劳动相结合，其形式主要是"教育要使儿童和少年了解生产各个过程的基本原理，同时使他们获得运用各种生产的最简单的工具的技能"[2]。之所以强调这一点，主要基于两个方面的原因：一是教育与生产劳动相结合是现代社会发展的基本要求，其既适应了现代社会劳动形式的变化，又使工人获得了尽可能多方面的发展；二是在马克思构想的社会主义社会中，剥削制度被消灭了，这就为教育与生产劳动的普遍结合提供了现实的可能。因此，马克思把教育与生产劳动相结合看成是改造现代社会的最强有力的手段之一，是提高社会生产的一种有效方法和造就全面发展人的唯一方法。在马克思看来，教育与生产劳动相结合是社会主义教育基本性质的体现。这正如列宁所言："没有年轻一代的教育和生产劳动的结合，未来社会的理想是不能想象的：无论是脱离生产劳动的教学和教育，或是没有同时进行教学和教育的生产劳动，都不能达到现代技术水平和科学知识现状所要求的高度。"[3] 毛泽东曾指出："教育必须为无产阶级政治服务，必须同生产劳动相结合。"[4] 邓小平也曾指出："为了培养社会主义建设需要的合格的人才，我们必须认真研究在新的条件下，如何更好地贯彻教育与生产劳动相结合的方针。"[5] 总之，我们必须从根本上理解教育与生产劳动相结合的含义，将教育与生产劳动相结合视为社会主义教育的根本原则和重要途径。

2. 教育学情境中劳动价值观的意义

第一，正确的劳动价值观是扎根中国大地办教育，坚持和发展马克思主义唯物史观的客观需要。强调劳动价值和劳动教育，是马克思主义一以贯之的基本观点，是马克思主义唯物史观的核心内容和本质要求。马克思主义劳动观反复强调，劳动创造世界、劳动创造历史、劳动创造人本身，劳动是人类的本质特征和存在方式，是实现人的全面发展的重要途径，教育与生产劳动相结合是社会主义教育的根本原则。中国在社会主义革

[1] 马克思，恩格斯．马克思恩格斯选集：第一卷［M］．2版．北京：人民出版社，1995：169.
[2] 马克思，恩格斯．马克思恩格斯全集：第十六卷［M］．北京：人民出版社，1964：218.
[3] 列宁．列宁全集：第二卷［M］．2版．北京：人民出版社，1984：461.
[4] 毛泽东．毛泽东同志论教育工作［M］．北京：人民教育出版社，2000：248.
[5] 邓小平．邓小平文选：第二卷［M］．2版．北京：人民出版社，1994：107.

命、建设和改革开放的历史进程中，在中国共产党的领导下，依靠广大人民群众的辛勤劳动，才使久经磨难的中华民族“站起来”，让底子薄、人口多的中国人民“富起来”。

第二，正确的劳动价值观是构建德、智、体、美、劳全面培养的教育体系，形成更高水平的人才培养体系的必然要求。职业院校肩负着培养社会主义事业建设者和接班人的重大任务，肩负着“为人民服务、为中国共产党治国理政服务、为巩固和发展中国特色社会主义制度服务、为改革开放和社会主义现代化建设服务”的神圣使命，其培养的人才就应该有正确的世界观、人生观、价值观，以及正确的事业观、审美观、劳动观等。

第三，正确的劳动价值观是富国强民，建设高素质劳动者大军的重要举措。习近平总书记曾指出：“人世间的美好梦想，只有通过诚实劳动才能实现；发展中的各种难题，只有通过诚实劳动才能破解；生命里的一切辉煌，只有通过诚实劳动才能铸就。”[1]“以劳动托起中国梦”，进行伟大斗争、建设伟大工程、推进伟大事业、实现伟大梦想，全面建成小康社会，进而建成富强民主文明和谐美丽的社会主义现代化强国，根本上要靠劳动，要靠劳动者的辛勤劳动、诚实劳动和创造性劳动。职业院校加强劳动教育，既能引导大学生努力学习科学文化知识，练就过硬本领，又能教育大学生坚定理想信念，锤炼高尚品格，培育劳动情怀，自觉把人生理想、家庭幸福融入国家富强、民族复兴的伟业之中，建构个人与集体、个人梦与中国梦、小家与国家民族融合统一的发展共同体和命运共同体，最终推动广大青年学生在接力奋斗中实现中国梦。

二、马克思主义者的劳动价值观

（一）毛泽东的劳动价值观

毛泽东在青年时期就对劳动教育有特殊的见解，他在《青年运动的方向》一文中，对中国传统教育只重理论不重实践劳动的教学观提出了批判，这一观点强调了劳动在教学过程中的重要性，肯定了“劳教结合”在学生成长中的作用。1958 年，毛泽东确立了培养全面发展的劳动者的社会主义教育根本目标，提出了“现在要教育劳动相结合，这是一个基本原则”[2]。在社会主义教育根本目标的指引下，教育与劳动相结合的原则正式成为我国教育事业发展的根本指导思想。

毛泽东继承了马克思主义的教育思想，并在长期的教育实践中总结了劳动教育的经验，提出了要培养社会主义觉悟高的劳动者的劳动教育目标、理论与实践联系的劳动教育方式、勤工俭学的劳动教育方法等观点。对毛泽东劳动价值观的阐述分以下三点。首先，毛泽东立足中国革命和建设实际，开创了马克思主义劳教结合原理中国化的先河。

〔1〕 习近平. 习近平谈治国理政：第一卷［M］. 2 版. 北京：外文出版社，2018：46.
〔2〕 毛泽东. 建国以来毛泽东文稿：第七册［M］. 北京：中央文献出版社，1992：396.

他特别强调劳动教育在学生个人成长和改造军队、干部中的重要作用，这本身就是对马克思主义劳动观和劳动价值观的回归，突出了劳动在人的全面发展中的重要作用。其次，他曾在《实践论》中提出："你要知道梨子的滋味，你就得变革梨子，亲口吃一吃。……你要知道革命的理论和方法，你就得参加革命。一切真知都是从直接经验发源的。但人不能事事直接经验，事实上多数的知识都是间接经验的东西，这就是一切古代的和外域的知识。"〔1〕"梨子理论"便是要人们亲自到实践中去检验，这样才能实现"变革梨子"的目的。理论与实践相结合，教育与劳动相结合，两者之间形成了一种双向互动的良性关系。新时代的劳动教育思想也要坚持和发扬这一工作作风，只有这样才能推动新时代劳动教育工作走实、走深。最后，毛泽东最初提出"劳教结合"就是为了促进学生德、智、体的全面发展，他认为在劳动中才能全面提升学生的素质，使其更好地服务于社会主义建设。毛泽东关于劳动在促进人的全面发展中的作用仍是当前劳动教育工作坚持和发扬的基本原则。

（二）邓小平的劳动价值观

党的十一届三中全会以后，邓小平基于我国发展战略大局和国际大背景，重新审视了我国教育事业的发展方向。过去一段时间对劳动教育的认知偏差导致劳动教育被过度放大甚至成为一种政治手段，这背离了劳动教育的教育属性，邓小平开始对劳动教育进行"拨乱反正"。在他看来，进行劳动教育是必需的。面对我国经济发展的现实要求，邓小平认为劳教结合"更重要的是整个教育事业必须同国民经济发展的要求相适应"〔2〕。同时，为了满足我国经济发展对人才的需求和汲取过去劳动教育出现严重偏差的深刻教训，他指出："各级各类学校对学生参加什么样的劳动，怎样下厂下乡，花多少时间，怎样同教学密切结合，都要有恰当的安排。"〔3〕邓小平把握了劳动教育的精神实质，避免了形式上的片面的劳教结合。

邓小平对劳动价值观的阐述主要有以下三点。首先，邓小平从实现"四个现代化"的目标出发，提出了教育对科学技术创新的重要作用，将经济发展、科学技术和教育紧密结合起来，这既对劳动教育提出了新的要求，也给劳动教育带来了新的发展机遇。其次，邓小平要求"国家计委、教育部和各部门，要共同努力，使教育事业的计划成为国民经济计划的一个重要组成部分"〔4〕。这一要求为推动劳动教育的落地实施，为生产部门和教育部门资源的双向流动提供了良好的契机。最后，邓小平强调在劳动教育中必须重视德育功能的发挥，他认为学生只有在参加劳动的过程中才能深刻接触社会，才能培

〔1〕毛泽东．毛泽东选集：第一卷［M］．2版．北京：人民出版社，1991：287-288.
〔2〕邓小平．邓小平文选：第二卷［M］．2版．北京：人民出版社，1994：107.
〔3〕邓小平．邓小平文选：第二卷［M］．2版．北京：人民出版社，1994：107.
〔4〕邓小平．邓小平文选：第二卷［M］．2版．北京：人民出版社，1994：108.

养对劳动人民的感情，因此劳动必须成为学生的一门必修课。

（三）江泽民的劳动价值观

随着改革开放的持续深入，江泽民对劳动教育提出了新的要求。他重申了教育对科技进步和社会发展的重要作用，“如果只是让学生关起门来读书，不参加劳动，不接触社会实践，不了解工人农民是怎样辛勤创造社会财富的，不培养劳动人民感情，是不利于他们健康成长和全面发展的”[1]。这一论述拓展了“劳教结合”的内涵，标志着对学生的劳动教育不再局限于生产劳动范畴，而是拓展到了整个社会实践领域。教育与生产劳动相结合发展为教育与社会实践相结合，这不仅拓展了人才培养的实现路径和人们对教育功能的认知，而且适应了未来对人才的发展要求和21世纪的教育改革发展方向。

江泽民进一步拓展了劳动教育的内涵，丰富了劳动教育的内容，坚持教育与社会实践相结合，坚持教育与生产劳动相结合，实现了劳动教育的新发展，将“劳教结合”的教育方针推向了新阶段。

（四）胡锦涛的劳动价值观

2010年，胡锦涛在全国教育工作会议上提出了“丰富社会实践，加强劳动教育，着力提高学习能力、实践能力、创新能力，提高综合素质”的要求，并再次强调了教育与生产劳动相结合的教育方针，指出“要全面贯彻党的教育方针，坚持教育为社会主义现代化建设服务，为人民服务，与生产劳动和社会实践相结合，培养德智体美全面发展的社会主义建设者和接班人”。这表明“劳教结合”的教育方针依然受到党和国家的高度重视，但是由于多种因素的影响，劳动教育并未能得到有效的贯彻落实，之后劳动教育也鲜有提及。

（五）习近平的劳动价值观

习近平对劳动教育的重要阐述是在马克思主义劳动观的基础上结合我国实际对新时代育人方向的贴切回应，即以劳动本质、劳动价值、劳动发展为核心的新时代劳动教育论断。党的十八大以来，习近平连续在“五一”国际劳动节大会上发表重要讲话，多次谈到了劳动教育、劳动精神、劳模精神等劳动相关内容，始终坚持“以人民为中心”的发展思想，在2018年全国教育大会上赋予劳动教育新的使命。教育部在2020年及时响应号召，指出加强劳动教育要抓重点、抓覆盖、抓贯通、抓协同[2]。

习近平对劳动价值观的阐述主要有以下几点。

1. 关于劳动的本质

以马克思主义理论和中国共产党关于劳模精神的论述为理论依据，习近平对劳动的

---

〔1〕 江泽民．江泽民文选：第一卷［M］．北京：人民出版社，2006：372.

〔2〕 陈宝生．全面贯彻党的教育方针　大力加强新时代劳动教育［N］．人民日报，2020-03-30（12）.

本质进行了深刻的论述，“劳动是人类的本质活动，劳动光荣、创造伟大是对人类文明进步规律的重要诠释”[1]，“劳动是推动人类社会进步的根本力量”[2]，是成功的必经之路，是幸福的源泉，并提出了“崇尚劳动、尊重劳动者”的思想。“空谈误国，实干兴邦”“撸起袖子加油干”“幸福都是奋斗出来的”等论述共同彰显了一个核心观点，即社会主义是干出来的，是通过实践创造出来的。中国人民怀揣着实现中华民族伟大复兴的中国梦，而梦想和现实之间必须靠实践的桥梁沟通连接，只有在劳动实践中人们才能实现梦想，每个人通过实实在在、勤勤恳恳、坚持不懈的劳动为自己的理想拼搏，中国梦也需要靠每一个中华儿女持之以恒的劳动来实现。

2. 关于劳动的价值

习近平在同全国劳动模范代表座谈时提到，“劳动是财富的源泉，也是幸福的源泉”[3]，新时代提倡全社会崇尚劳动、尊重劳动者，中华民族伟大复兴需要靠全国各族人民在自己的工作岗位上勤恳踏实劳动来实现。同时通过积极付诸实践，渗透劳模精神和工匠精神。习近平在多个场合都对劳模精神做了论述，对劳动模范进行了“民族的精英、人民的楷模”[4]“我国亿万劳动人民的杰出代表”[5]等一系列赞美描述，以此来肯定劳动者的重要贡献。党的十九大报告也指出，要“弘扬劳模精神”，劳模精神作为中国精神文化的重要组成部分，有力抵制了西方价值观念的冲击，为实现民族复兴中国梦凝聚强大的精神动力，为中国特色社会主义事业发展汇聚积极的正能量，为民众树立正面榜样，以此激发个体通过辛勤劳动创造财富、创造美好的生活。

3. 关于劳动的发展

习近平的劳动发展观包括劳动推动社会发展和劳动推动人的全面发展两个方面，丰富了劳动理论和时代内涵。这些论述阐释了构建社会主义现代化国家根本上要靠劳动，要靠劳动者的辛勤耕耘。同时，习近平也指出，国家的建设依靠人民，国家发展所带来的成果人民也要共享，“共建共享”理念的深入推行充分体现了“尊重劳动者、造福劳动者”的新时代劳动教育思想的核心内涵。人是社会关系中最活跃的因素，只有在劳动中才能体会到自己是社会正常运行中必不可少的一环。劳动从理论逐步走向理论与实践相结合，在提升人的实践操作能力、促进人的全面发展方面做出了巨大贡献。

---

[1] 习近平. 在庆祝“五一”国际劳动节暨表彰全国劳动模范和先进工作者大会上的讲话［N］. 人民日报，2015-04-29 (4).

[2] 习近平. 习近平谈治国理政：第一卷［M］. 2版. 北京：外文出版社，2018：44.

[3] 习近平. 习近平谈治国理政：第一卷［M］. 2版. 北京：外文出版社，2018：46.

[4] 习近平. 习近平谈治国理政：第一卷［M］. 2版. 北京：外文出版社，2018：46.

[5] 习近平. 习近平在庆祝“五一”国际劳动节大会上的讲话[EB/OL].(2015-04-28)[2022-07-15].http://www.xinhuanet.com/politics/2015-04/28/c_1115120734.htm.

第三节 劳动精神

名人名言

教育必须为无产阶级政治服务，必须同生产劳动相结合。

——毛泽东

当代中国正处于实现中国梦的关键历史时期，实现国家繁荣、民族复兴、社会发展、人民幸福的责任，历史地落在新时代大学生的肩上。少年智则国智，少年强则国强。作为时代新人，要承担起这些重大历史责任，就必须深刻认识劳动教育的重要性，树立劳动最光荣、劳动最崇高、劳动最伟大、劳动最美丽的价值观念，培养勤俭、奋斗、创新、奉献的劳动精神。劳动精神成就时代新人，新时代要大力弘扬劳动精神。劳动精神主要包括“三牛”精神、劳模精神和工匠精神。

一、“三牛”精神

（一）“三牛”精神的背景

2021年是农历辛丑牛年。对于中华民族来说，牛是刻苦、踏实、坚韧的象征，深受中国人民喜爱。人无精神则不立，国无精神则不强。习近平总书记在全国政协新年茶话会上强调，要“发扬为民服务孺子牛、创新发展拓荒牛、艰苦奋斗老黄牛的精神”[1]。习近平总书记用三种“牛”的精神，为中国2021年的奋斗状态奠定了基调。

（二）“三牛”精神的内涵

“三牛”精神，指甘于奉献的孺子牛精神、乐于苦干的老黄牛精神、勇于创新的拓荒牛精神。不难看出，“三牛”具有爱心、奉献和才智的优秀品质，从一定意义上讲，孺子牛是灵魂，老黄牛是风范，拓荒牛是素质。

“孺子牛”“老黄牛”“拓荒牛”，是家喻户晓的美好形象，是底蕴深厚的文化意象，蕴含着中国人民自强不息、砥砺奋进的精神密码。“三牛”精神，是新时代奋斗者接续奋斗、实现梦想的不竭动力。习近平总书记赋予孺子牛以“为民服务”、老黄牛以“艰苦奋斗”、拓荒牛以“创新发展”的深刻内涵，号召发扬孺子牛精神、老黄牛精神、拓荒牛精神，正是要在辞旧迎新之际，激扬风雨无阻向前进的豪情，凝聚越是艰险越向前

〔1〕 习近平．在全国政协新年茶话会上的讲话［N］．人民日报，2021-01-01（2）．

的力量，在新的伟大征程上披荆斩棘、开拓创新、坚毅前行。

拓展阅读

“三牛”的故事

孺子牛：焦裕禄为人民服务，鞠躬尽瘁死而后已

1962年12月，焦裕禄被调到兰考县，先后任县委第二书记、书记。他上任之后，带领全县人民进行封沙、治水、改地的斗争。焦裕禄身先士卒，以身作则：风沙最大的时候，他带头去查风口，探流沙；大雨瓢泼的时候，他带头下到齐腰深的水中察看洪水流势；风雪铺天盖地的时候，他率领干部访贫问苦，登门为群众送救济粮款。他经常钻进农民的茅庵、牛棚，同普通农民同吃、同住、同劳动。他把群众同自然灾害斗争的宝贵经验，一点一滴地集中起来，成为全县人民的共同财富，成为全县人民战胜自然灾害的有力武器。

焦裕禄对同志、对人民满腔热情。他常说，共产党员应该在群众最困难的时候，出现在群众的面前；在群众最需要帮助的时候，去关心群众、帮助群众。他的心里装着全县的干部群众，唯独没有他自己。他经常肝部痛得直不起腰、骑不了车，即使这样，他仍然用手或硬物顶住肝部，坚持工作、下乡，直至被县委强行送进医院。

1964年5月10日，河南医学院附属医院发出焦裕禄病危通知书。省地两级组织部部长来了，县委领导也来了。焦裕禄说：“我死后不要为我多花钱，省下来支援灾区。我活着没有治好沙丘，死后请组织把我运回兰考，埋在沙丘上，看着兰考人民把沙丘治好……”

有的人活着却已经死了，有的人死了却还活着。焦裕禄是永远留存在历史记忆里的一位好书记，虽然他的一生很短暂，但他是时至今日我们仍要学习的先进榜样。回首焦裕禄的一生，你会惊奇地发现，他的一生是真真切切为人民服务的一生，是甘为孺子牛的一生。

老黄牛：黄铜铃乐于苦干，艰苦奋斗

柴里煤矿综采工区区长室里，有一张睡得变了形的老沙发，它的主人是采煤工区区长黄铜铃。“最多一次连续10天没回家。”2020年4月，该矿推行“一区两面”生产模式，这让该矿唯一的采煤区长黄铜铃感到身上的担子更重了，在工区待的时间更长了，与家人团聚的时间更少了。一个工区同时负责两个采煤工作面生产，如何把现有力量一分为二，让区队在最短的时间内形成强大的战斗力？这让这个“80后”区长迎来了一次“大考”。黄铜铃不敢懈怠，却“冷落”了家人。妻子常焕明是该矿机电设备制修厂

职工，两人单位直线距离300余米，却像隔了一座山，除了早上给黄铜铃送换洗衣服外，两人基本见不到面。每天起床后，只要看到丈夫不在家，常焕明就熟练地收拾换洗衣服送到办公室，不管丈夫在不在，东西放下就走，下班后再来取脏衣服。这一套流程，常焕明已经非常熟练。“最大的希望就是一星期能和家人一起吃顿饭。”常焕明的愿望很简单，却很难实现。“孩子的事他基本不问，偶尔回家和孩子聊几句，话不过三句就批评孩子。在孩子眼中，他就是个‘不回家的坏爸爸’。”“他们工区肩负着全矿人的吃饭问题，他的压力我可能想象不到，我就尽量把家照顾好，让他把精力都放在工作中，也算是为咱们矿尽一份力吧。”常焕明说，时间久了也慢慢理解丈夫了。2020年中秋节，黄铜铃下井带班，妻子专程来到办公室，送上了一份“中秋礼物”——一床褥子。“上次去给他送衣服，发现沙发有点塌陷变形，就给他准备了褥子，下井辛苦，休息不好影响工作。”常焕明铺上褥子便走了。

“担子再重也要扛，困难再多也要破。”这是黄铜铃写在笔记本上的一句话。2020年9月，该矿3606工作面末采造撤除条件、23上631工作面面临初采、23下606工作面又进入薄煤区，“三大难题”摆在面前，生产一度陷入被动局面。现场安全怎么抓好？劳动组织怎么优化？生产任务如何完成？黄铜铃躺在沙发上，彻夜难眠。“想不通就下井看现场。”黄铜铃抄起毛巾就往井下奔，这是他当天第二次下井。这次下井，他跑了30多千米，相当于从柴里矿跑到滕州高铁站。这30多千米的路没白跑，凭着20多年的工作经验，他厘清了思路，定岗、定人、定职责、定任务的“四定”举措应运而生，打破了被动局面。这一关，他们顺利通过。没等黄铜铃喘口气，“拦路虎”又来了。2020年10月，井下23下606工作面揭露该矿建矿以来罕见断层，断层对顶板管理、生产组织影响较大，必须在短期内挺过断层。这一次，黄铜铃没时间躺在沙发上思考了，他直接靠前指挥、盯在一线，措施现场制定，方案现场调整，任务现场落实。在黄铜铃的带领下，他们合理飘刀、刹底、调控采高，尽最大可能减少揭露断层面的面积。经过一个月的奋战，他们终于打赢了这场硬仗，安全通过断层。2021年1月15日，黄铜铃荣获枣矿集团2020年度劳动模范称号，领奖回矿后，他就直接换衣服下井跟班。“干了这么多年采煤，一天不下井就感觉少点啥。”黄铜铃笑着说。

拓荒牛：彭士禄隐姓埋名30年

在知乎上，“历史上有哪些成就颇高但鲜为人知的人”这一问题吸引了660多万人的关注。在700多个回复中，有一位老人获得了最高赞。有人称他为“国之栋梁、民族的楷模”，有人感慨他身世的颠沛流离，也有人敬佩他坚定的理想信念。他就是“中国核潜艇之父”彭士禄，也是中国核动力事业的开拓者和奠基人之一。

因为核潜艇研制工作的特殊性，彭士禄这个名字过去鲜为人知。直到1991年4月，中国导弹核潜艇的诞生历程被撰写，彭士禄的事迹才为人所知晓。而在这之前，他隐姓埋名30年，他的名字和他从事的工作一样，都是中国的最高机密。

1965年，中央专委批准正式研制核潜艇。于是，科技人才从祖国四面八方汇聚到四川西南部大山深处的一个叫“九〇九”的基地，彭士禄也是其中的一员。在没有技术资料、没有援助专家、生活条件又非常艰苦的情况下，彭士禄和同事们开始了为“巨龙”铸“芯”，为大国造“盾”的艰苦工作。当时在基地喝的水，来自稻田、池塘、河沟，喝了后经常拉肚子，只得用明矾进行处理，水用完缸底沉淀的是一层厚厚的泥；住的房，是就地取材用石头和泥巴垒起来的；走的路，是在泥土上垫一层石子，晴天“扬灰路”，雨天“水泥路”。基地至今还留有一处信箱，这个信箱曾是基地8 000军民与家人联络的唯一地址。

核潜艇技术极为复杂，“那时没有电脑，就拉计算尺、敲算盘。那么多的数据，就是这样没日没夜算出来的。”彭士禄回忆说。当时主要参考的是国外的一些照片及零星报道。经过一遍遍计算，一次次试验，各项研究工作取得重大突破。1970年8月30日，中国第一座潜用核动力装置陆上模式堆首次达到设计满功率。

1970年12月26日，一个值得骄傲的日子——我国第一艘核潜艇正式下水，艇上四万六千个零部件，没有用国外一颗螺丝钉。1974年8月1日，名为“长征一号”的中国第一艘核潜艇正式列入海军战斗序列。至此，中国成为继美、苏、英、法之后，第五个拥有核潜艇的国家。

2020年12月26日，纪念中国第一艘核潜艇下水50周年大会在北京召开，一位95岁的特殊嘉宾却没能亲临现场，他通过女儿彭洁表达了对大会召开的祝贺，对核动力事业的热爱与牵挂，对新一代科技工作者的嘱托与期望。2020年11月8日，彭洁代表父亲彭士禄站上了中国工程界最高奖项——“光华工程科技成就奖”的领奖台。国内外很多人称他是“中国核潜艇之父”“中国核电站创建人”，对此，彭士禄坚决反对，“我不过是为中国的核事业做了该做的事，我不是什么‘之父’，而是核动力领域的一头拓荒牛”。

二、劳模精神

（一）劳模精神的背景

习近平总书记在同全国劳动模范代表座谈时指出：“榜样的力量是无穷的。劳动模范是民族的精英、人民的楷模。长期以来，广大劳模以平凡的劳动创造了不平凡的业绩，铸就了‘爱岗敬业、争创一流，艰苦奋斗、勇于创新，淡泊名利、甘于奉献’的劳模精神，丰富了民族精神和时代精神的内涵，是我们极为宝贵的精神财富。”[1]

---

〔1〕 习近平. 习近平谈治国理政：第一卷［M］. 2版. 北京：外文出版社，2018：46.

（二）劳模精神的内涵

劳动模范作为工人阶级的优秀代表，是时代的引领者，在工作生活中发挥着先锋和排头兵作用，他们以辛勤劳动、诚实劳动和创造性劳动，持续推动着社会进步、国家发展和民族复兴。劳模精神作为劳动模范的思想内核、行动指南和精神灯塔，成为推动时代前进的强大精神动力，充分体现了工人阶级先进性的主体地位，彰显了工人阶级的伟大品格，推动了工人阶级的成长进步，激励着千千万万普通劳动者坚守信念、立足岗位、开拓创新、建功立业。

拓展阅读

劳动模范缪文钦

缪文钦，一名“90后”创业青年。他没有耀眼的高学历，有的只是一股敢闯敢试的冲劲，一份对劳动的满腔热情，一份对家乡无比眷恋的朴素情怀。

他的家乡凤阳镇位于寿宁县东南部，地处白云山麓，平均海拔600多米，日照强，雨水充沛，土壤含锌，种植葡萄有着天然优势。他本来在深圳经营一家茶叶店，生意红红火火，收入十分可观。一次偶然返乡，他看到村里的群众有种植葡萄的，但因种植土地零散不成片，管理也不规范，效益非常差。经过深入考察了解，他发现凤阳镇非常适合推广大棚葡萄种植，于是，他决定返乡创业，希望能通过自己的示范带动，给乡亲们带来致富的机会。

为了取得群众的信任，他带头试种了100多亩，试种成功后，再发动群众。他还通过合作社为种植户提供贷款担保，邀请专家为种植户授课指导，组成“技术服务队”一对一为种植户提供技术服务，还为贫困户购买了葡萄种植的台风、暴雨指数保险。很多群众看到了希望，纷纷加入葡萄种植大军。随着葡萄种植规模的扩大，缪文钦意识到应该走标准化、规模化、企业化、品牌化、信息化“五化”之路。于是，他成立了寿宁县祥瑞葡萄种植专业合作社，按照“合作社+基地+农户”的经营模式，采取土地入股、土地租赁、劳务技术入股等方式，以及后来引入针对现代农业合作社SaaS（软件即服务）平台的“合家欢”管理信息系统等，有效带动了38家葡萄种植专业合作社和家庭农场规范化发展。

2018年以来，县委、县政府大力实施“我+1”产业扶贫计划，在县乡领导的引导下，缪文钦的合作社积极参与，依托葡萄产业优势，探索创新“我有一亩葡萄园”扶贫模式，实现了政府、合作社、贫困户的“三方共赢”，带动建档立卡贫困户200户823人实现脱贫致富。

缪文钦把青春挥洒在家乡这片沃土上，带领乡亲们一起闯、一起干，终于干出了一番“甜蜜”事业。如今，葡萄产业已成为寿宁县产业链条最完整、农民从中受益最多、扶贫效果最好、发展潜力最大的农业主导产业，累计带动葡萄种植1万多亩，实现产值1.6亿元以上。缪文钦也被乡亲们亲切地称为“创业合伙人”“葡萄大王”，先后获得“宁德市十佳农民”“宁德青年五四奖章”“福建省劳动模范”、福建省2019年度“全国十佳农民”推荐人选等荣誉；他领头创办的寿宁县祥瑞葡萄种植专业合作社获评“国家级示范合作社”“省级示范合作社”。

三、工匠精神

（一）工匠精神的背景

2016年的《政府工作报告》提出，要“鼓励企业开展个性化定制、柔性化生产，培育精益求精的工匠精神”。近些年，“中国智造”“中国创造”“中国精造”“工匠精神”已成为决策层共识，被写进《政府工作报告》。党的十八大以来，习近平总书记多次强调要弘扬工匠精神。党的十九大报告提出“弘扬劳模精神和工匠精神”。党的二十大报告提出“培养造就更多大国工匠”。在新时代大力弘扬工匠精神，对推动经济高质量发展、实现“两个一百年”奋斗目标具有重要意义。相信随着国家产业战略和教育战略的调整，“工匠精神”将成为全社会的普遍追求。

（二）工匠精神的内涵

一般认为，工匠精神包括高超的技艺和精湛的技能，严谨细致、专注负责的工作态度，精雕细琢、精益求精的工作理念，以及对职业的认同感、责任感。但是，这只是对工匠精神一般意义上的理解，还缺乏对新时代中国工匠精神特殊性的研究。实际上，新时代的中国工匠精神，除了具有一般意义上工匠精神的内涵外，还具有自身的特殊性：既是对中国传统工匠精神的继承和发扬，又是对国外工匠精神的学习和借鉴；既是为适应我国现代化强国建设需要而产生的，又是劳动精神在新时代的一种新的实现形式，它与劳模精神、劳动精神构成一个完整的体系，成为激励广大职工为实现中华民族伟大复兴中国梦而奋斗的强大精神力量。中国古代工匠精神包括以下特点：首先，创新精神。美丽的丝绸、精美的陶瓷，以及数不清的发明创造，无不体现着中国古代工匠无穷的智慧和对完美的不懈追求。其次，精益求精的职业态度。庖丁解牛、运斤成风、百炼成钢……这些耳熟能详的成语，不仅是对中国古代工匠出神入化技艺的真实写照，更是对他们精益求精、追求卓越的职业态度的由衷赞美。再次，敬业精神。中国自古强调“敬”这一观念。对于古代工匠群体而言，他们十分尊敬自己从事的职业劳动，因此形成了内涵十分丰富的“敬业”观念。最后，专注。专注就是内心笃定而着眼于细节的耐心、执着、坚持的精神，这是一切“大国工匠”所必须具备的精神特质。从中外实践经验来看，工匠精神意味着一种执着，即一种几十年如一日的坚持与韧性。重细节、追求完美，是工匠精神的关键要素。工匠精神的本质就是道技合一、追求卓越。

拓展阅读

齐白石的工匠精神

齐白石19岁时，小料木匠正式出师。在人生观、价值观形成的时期，他以一个木匠学徒的身份，形成了一种融汇了“工匠精神”的价值观——首先，做活计是为了赚钱；其次，为了赚更多的钱，要不惜一切代价把活计做到最好。

据齐白石长孙齐佛来回忆，祖父为了更新雕花式样，招徕更多主顾，向人去借《芥子园画谱》。在没有大规模印刷术的时代，一本书的价格相当于普通人家几个月的生活费，借书需要中间人作保，只借7天，如有污损，全额赔偿。齐白石千辛万苦借来这本书，以巨大的毅力，在做工之余的酷热夏夜，点起烟熏火燎的松油火，用竹纸和毛笔将这本画稿全部勾拓下来，装订成16本小册子，日夜学习。凭着《芥子园画谱》，齐白石成为十里八乡木匠中的翘楚，他的雕花超越了麒麟送子、双凤朝阳等传统花样，他甚至将中国的雕花工艺推进了一大步。这样的刻苦是现代人难以想象的，于当时的齐白石也是不必要的，因为当时他已经是传统意义上很好的小料木匠了，无须改进也可以吃饱饭。但正是这种对财富的追逐初衷和“要做到最好”的工匠精神，驱使着他不断向前走。

齐白石有一个艺术信条，就是没见过的东西他不画。他画虾，在画案上养着虾，观察虾从第几节开始打弯，用水墨不断试验，研究如何表现虾身的透明感，并且说自己80多岁了才把虾画好；他画芭蕉叶，要察察叶子是从左边卷还是从右边卷，否则绝不下笔。他在苦练技艺方面与自己的死磕，令人叹为观止。

工匠精神就是干一行爱一行，在干中增长技艺与才能。发扬工匠精神，就是要提高爱岗敬业精神，正如习近平总书记所说：“劳动没有高低贵贱之分，任何一份职业都很光荣。”[1] 劳动最崇高，劳动最光荣，在平凡的岗位上干出不平凡的业绩，就是工匠精神的体现。无论是三峡大坝、高铁动车，还是航天飞船，都凝结着现代工匠的心血和智慧。

---

〔1〕 习近平. 在知识分子、劳动模范、青年代表座谈会上的讲话［N］. 人民日报，2016-04-30（2）.

第四节　劳动伦理

名人名言

夫能稼穑，则可无求于人；可无求于人，则能立廉耻。知稼穑之艰，则不妄求于人；不妄求于人，则能兴礼让。

——张履祥

劳动是人类有目的、有意识的一种活动，但并不是所有的人类活动都是劳动。劳动是人类最高尚的活动，人民创造历史，劳动开创未来，劳动是推动人类社会进步的根本力量。因此，对于劳动来说，首先面临的是一个评价问题，只有经过了道德评价，才能进一步判断和衡量劳动的价值和伦理意义。也就是说，劳动既是人类的一种客观物质活动，又是具有主观意识的道德行为，具有深刻的伦理价值内涵。

案　例

谢某小学毕业后，经常赌钱、盗窃。从2007年起，他因盗窃、抢劫等罪先后进入监狱4次，并在2012年接受电视台采访时说出“这辈子不可能打工”“就要靠偷东西生活”“进看守所像回家”等话语成为“网红小偷”。有媒体采访谢某，他坦言，自己从来没有打过工，生活很单一，就是往返于盗窃地点和看守所，也很少回家，就算过年也不会回去，除非家里有大事。对此，许多网友都感到担忧，认为他马上又会犯案。为此，当地司法所的工作人员表示，谢某出狱后会被“重点关注”，相关工作人员会为他提供帮扶教育，以使他更好地融入社会。

[想一想]　谢某的盗窃行为是劳动吗？你如何看待他的“不可能打工”？

一、劳动伦理及其价值内涵

（一）劳动伦理的概念

劳动创造了人，人在劳动过程中形成了各种各样的社会关系，其中就包括道德关系。人类劳动总是在一定的社会关系、社会结构中才能获得现实性，同时劳动也使社会关系日益丰富。由于劳动必然牵涉到彼此的相互协作和对劳动成果的分配，因此，伴随着人类劳动的出现，作为规范和处理人与人之间利益关系的劳动道德也就产生了。正是在劳动过程中，人们才形成了道德评价的善恶观点及价值意义。可见，劳动创造了人，也孕育了道德。

劳动伦理是对劳动过程中道德现象的概括，主要指在劳动中人与其他诸要素之间应当遵守的道德准则和行为规范。它具有以下三个关键特质。

1. 劳动伦理产生于劳动者与劳动生产要素之间的互动关系

这种互动表面上看是人与物之间的关系，实质上是人与人之间的关系。例如，医生为患者提供医疗服务的过程、教师为学生讲授知识的过程，无不体现人与人之间的关系。

2. 劳动伦理以人性需要为前提

劳动是人的劳动，人是劳动的唯一主体，正是因为有了人，劳动才具备了伦理意义。劳动者作为主体，在劳动中起着决定性及主导作用，是最活跃的要素。由于思想与道德影响着劳动和劳动生产率，因此人的思想觉悟、道德素质直接制约着劳动的质量和效率。

3. 公共劳动、公共生活构成了劳动伦理的生成场域

一切劳动既是个人的，也是社会的，“生产者只有通过交换他们的劳动产品才发生社会接触，所以，他们的私人劳动的独特的社会性质也只有在这种交换中才表现出来”[1]。离开社会化的劳动实践，劳动伦理便会失去土壤，没有任何意义。

（二）劳动伦理的价值内涵

劳动是人类一切幸福的源泉，我们尊重劳动、崇尚劳动，认为劳动是人类付出脑力或体力，创造社会财富的过程。凡是为人类社会发展进步做出贡献的行为都属于劳动，但并非所有的劳动都是道德的，都是符合人类社会发展进步和公平正义的价值取向的。劳动必须有特定的价值取向和伦理准则。这主要从劳动主体、劳动过程和劳动目的三个方面来衡量，具体体现在以下几个方面。

1. 劳动主体是否符合道德要求

劳动主体即劳动者，就是具体从事劳动的人。劳动主体合乎道德要求，是劳动道德评价的根本前提。一个社会公民要成为道德意义上被认可的劳动者，需要具备一定的自然人身份，如年龄条件、智力条件、精神条件等。在世界范围内，各国都反对童工劳动，就是对劳动者在年龄条件上的伦理道德要求。《中华人民共和国劳动法》（以下简称《劳动法》）明确规定，公民的最低就业年龄是16周岁，禁止用人单位招用未满16周岁的未成年人，非法招用童工应承担相应的法律责任。与此同时，劳动者的健康、体力、技能等储备也须符合岗位要求，不同的劳动岗位对劳动者有不同的劳动要求，如果让明显不适应某种劳动条件的劳动者从事某一岗位工作，不仅勉为其难，

[1] 马克思. 资本论：第一卷［M］. 2版. 北京：人民出版社，2004：90.

而且有违伦理。例如，《劳动法》明确规定，不得安排已满16周岁但未满18周岁的未成年工从事矿山井下、有毒有害、国家规定的第四级体力劳动强度的劳动和其他禁忌从事的劳动。

2. 劳动意愿是否真实自主

符合道德规范的劳动必须是真实、自愿、平等的行为，任何违背劳动者意志的带有强制、胁迫、诱骗等性质的劳动行为都是不道德、不符合劳动伦理规范的。在劳动力市场上，应聘工作时要求抵押身份证件，签订劳动合同时附加“几年内不许结婚”等限制劳动者自由的各种苛刻条件，还有时下流行的“白加黑”花式加班、“996”工作制等各种行为，虽然出发点是为了规范合同用工，充分调动劳动者的工作积极性，提高劳动生产率，但是与保护劳动者的休息休假时间、尊重劳动意愿的价值伦理相违背，也涉嫌触犯劳动法律法规。

案　例

杨某在一家制药厂找到了一份待遇不错的工作，在签订劳动合同时，杨某发现其中有一条规定是合同期内禁止妇女生育。杨某很是疑惑，但姐妹劝说她：“你和你丈夫都还没买房，也没经济实力养孩子，这时候多赚点钱，以后再要孩子。”于是，杨某与该厂签订了劳动合同。但一年后，杨某怀孕了。厂里通知她要么堕胎，要么辞职。杨某不禁陷入了两难的境地，她既不想失去工作，也不想堕胎。

[想一想]　这份劳动合同有没有尊重杨某的意愿？是否合法？

3. 劳动过程是否有权利保障

劳动权利得到保障，是劳动者利益诉求的重要方面。劳动权利包括劳动者劳动或工作的权利和劳动者拥有各种与劳动相关的权利。《世界人权宣言》（1948年）第二十三条规定：“人人有权工作、自由选择职业、享受公正和合适的工作条件并享受免于失业的保障。”[1]《中华人民共和国宪法》第四十二条规定：“中华人民共和国公民有劳动的权利和义务。”《劳动法》第三条规定：“劳动者享有平等就业和选择职业的权利、取得劳动报酬的权利、休息休假的权利、获得劳动安全卫生保护的权利、接受职业技能培训的权利、享受社会保险和福利的权利、提请劳动争议处理的权利以及法律规定的其他劳动权利。”劳动权利是劳动者最重要的权利，一旦劳动权利得不到保障，其他与劳动相关的权利也就无法体现。

---

〔1〕董云虎，刘武萍．世界人权约法总览［M］．成都：四川人民出版社，1990：963.

案 例

2021年春节前夕，一家房地产公司的副总裁根据员工总人数在群里发了45个红包，但这位细心的副总裁第二天中午发现，自己的红包竟然有5个人没领，于是他立即在群里发表了牛年第一次“训诫”：对营销大群的情况超过24小时不予关注，先不谈责任心的问题，最基本的职业素养何在？还能不能胜任目前的工作？这位副总裁强调过年不是放羊，要求总部负责行政的工作人员挨个通知到位，并让这些员工当日下午四点前道歉并检讨，还要主动发200元红包，如果执行不到位，下午四点后移出群，年后处理。

［想一想］ 员工有权利拒绝抢红包吗？公司有权利处理不抢红包的员工吗？

4. *劳动者是否有公平发展的机会*

什么是公平？亚里士多德认为，公平就是赋予平等的人以平等的权利，给不平等的人以不平等的权利。“不患寡而患不均”，在劳动发展机会上同样如此。就业机会公平，发展机会公平，平等地参与劳动力市场，合理地分享社会发展机会是劳动者的职业诉求。每一位劳动者都能受到公平的对待是大多数劳动者发自内心的声音，人们希望或者说渴望有通过公平竞争追求事业发展的机会，有职业上升的通道。现实生活中的职业歧视、身份歧视、学历歧视、性别歧视、地域歧视、生理歧视等不公平、不平等现象的存在，无疑在一定程度上影响了劳动者获取公平发展的机会。当然，由于个体生理差异、自然禀赋差异和受教育程度的不同，劳动者公平发展的机会并非绝对的，而是相对的。所谓公平发展的机会，应当是具备同等条件、处于同一发展层次的劳动者，在职业发展中能得到相对公平的对待，不会因城市、农村户籍的不同而出现“同命不同价”“同工不同酬”等不合理的情况。个人发展机会是劳动者发展必需的宝贵资源，只有摒弃劳动发展上的机会歧视，才能保证人人享有竞争与发展的平等机会，人人都有平等向上流动的机会，如此，“只要努力，就会成功”才会变成现实。

案 例

蔡某是一所大学市场营销专业的学生，从2020年3月份开始，就一直穿梭于各种各样的招聘会，投了大量的简历，希望能找到一份比较满意的工作。其间，也有一些单位让她去参加面试，有好几家单位在面试的时候还有笔试，并且要求每个求职者交纳50元的面试费，还有几家单位虽然没有收面试费，但在面试的最后关头，以想招男生跑业务，女生不适合经常出差为由，委婉地将其拒绝了。一次又一次的求职失败，让蔡某对就业产生了一种抵触的情绪。

［想一想］ 蔡某获得了公平就业、公平发展的机会吗？为什么？

5. 劳动目的是否有利于实现劳动者的自由全面发展

劳动要有利于劳动者的自由全面发展，这是劳动的最高要求和标准，也是马克思劳动伦理观所倡导的劳动，“劳动既是创造财富的形式，也是赋予人生意义的形式，既是实现价值的过程，也是获得幸福的过程”[1]。劳动解放人，劳动者在劳动过程中获得自由和心灵愉悦，体验到自我幸福和自我发展，这是劳动最大的价值与意义。判断劳动是否有利于劳动者的自由全面发展，首要的标准就是劳动是否是安全的、有尊严的。人自由全面发展的一个重要前提就是维护、实现人的尊严，而人的尊严的实现，首先就是劳动尊严的实现。没有安全，何谈幸福；没有尊严，何谈自由；以牺牲劳动者职业安全和践踏劳动者尊严为内容的劳动活动，是无法保障劳动者自身价值的实现和幸福感的获得的。

案　例

2020 年 9 月初，一段视频在网上流传。视频里，某电子有限公司的工作人员在给新员工发证件时，随手将新员工的证件丢在地上，新员工只能弯腰去捡。这一视频在网上传播后，引起了网友的愤怒。网友认为该公司涉嫌歧视员工，侮辱员工的人格尊严。事发后，有一批员工相继离职，可是也有些员工认为这种现象很常见，不必大惊小怪，而且现在工作难找，忍一忍也就过去了。

[想一想]　如果你是该公司的员工，你会怎么做？为什么？

二、新时代的劳动伦理观

在全球化时代，劳动伦理问题是一个国际性问题。1995 年，社会发展问题世界首脑会议首先提出了“核心劳工标准”概念。1997 年，美国经济优先认可委员会（后更名为社会责任国际，英文简称 SAI）制定了包含禁止使用童工、不得强迫劳动等内容的社会责任标准（SA 8000）并在全球推广。1998 年，国际劳工大会通过了《国际劳工组织关于工作中基本原则和权利宣言及其后续措施》，进一步将核心劳工标准称为“工人的基本权利”，对用工中违反伦理的情况做了具体规定。保障劳动者权益，实现体面劳动，成为全球化时代的普遍伦理。

中国政府历来尊重劳动、崇尚劳动，强调社会主义劳动观，重视劳动保护和权利保障，特别是进入社会主义新时代以来，以习近平同志为核心的新一届中央领导集体多次强调劳动最光荣、劳动最伟大的思想观点，站在中华民族伟大复兴的时代高度，强调“要坚持社会公平正义，排除阻碍劳动者参与发展、分享发展成果的障碍，努力让劳动

[1] 颜军. 马克思劳动幸福思想的哲学意蕴 [J]. 理论学刊，2014 (5)：63.

者实现体面劳动、全面发展”[1]，构建和发展了社会主义新时代的劳动伦理观。

（一）诚信劳动

1. 诚信劳动是最基本的职业劳动道德规范

诚信，就是诚实守信，自古就是中国人“修身、齐家、治国、平天下”的根本。作为公民道德的基本规范，诚信主要指做人做事实事求是、信守承诺。

案例

开山岛位于我国黄海前哨，面积仅有两个足球场大，战略位置却十分重要。1986年，26岁的王继才接受了守岛任务，从此与妻子两人以海岛为家，与孤独相伴，在没水没电、植物都难以存活的孤岛上默默坚守。从小，长辈们就教育王继才，做人要诚实，做事要诚信，说过的话、答应的事就一定要兑现。他说：“不是每个人都能成为英雄，但是每个人都应该安于工作，并把工作做好。”30多年来，他始终抱着“守岛就是卫国，国安才能家宁”的信念，兑现对组织的承诺，把青春年华全部献给了祖国海防事业，用生命向党和人民交出了一份爱国奉献的忠诚答卷，用无怨无悔的坚守和付出在平凡的岗位上书写了不平凡的人生华章。2018年，王继才在执勤时突发疾病，经抢救无效去世。2019年，王继才被授予“人民楷模”称号，获得“感动中国2018年度人物”荣誉。

[想一想] 王继才是如何忠于职守、诚实守信的？

在劳动中，诚信是最基本的劳动态度和职业素养，指的是严格遵守劳动规则、职业要求和生产规范，努力追求高质量的产品和服务。一丝不苟、精雕细琢、精益求精、诚实守信地劳动能使人胸怀坦荡，获得他人的尊重和信赖，立足职场，取得事业上的成功；而偷工减料、耍滑偷懒、敷衍了事、弄虚作假也许可以骗人一时，却无法骗人一世，一旦被识破，便很难在职场立足，失去职业信誉不说，情况严重、涉嫌违法的甚至有可能被追究法律责任。“为事不以诚，则事败。”在当代社会，诚信是公民的第二张“身份证”，是职场的“通行证”，在劳动中要树立诚实的态度，养成守信的习惯，形成诚信的品格，脚踏实地地做人做事，这样方可取信于人，最终有所成就。诚如习近平总书记所言，人世间的美好梦想，只有通过诚实劳动才能实现；发展中的各种难题，只有通过诚实劳动才能破解；生命里的一切辉煌，只有通过诚实劳动才能铸就。

---

〔1〕 习近平. 习近平谈治国理政：第一卷［M］. 2版. 北京：外文出版社，2018：46.

案例

李江福就是诚信劳动的典范。他凭借着勤勉刻苦、诚实守信，从学徒到质检员、项目工程师再到高级工程师，一步一个脚印，成为具有国家一级建造师执业资格、管理着几百号人的项目经理。在他身上，有“全国劳动模范”“全国道德模范”全国“诚信之星”、“全国五一劳动奖章”获得者等荣誉。李江福把工程的质量作为造楼的底线。他说：“对工程的每一个部位、施工的每一道工序我都要亲自查验把关，从不允许偷工减料，质量不合格的工序坚决返工重来。盖楼是个技术活，我这辈子绝不建豆腐渣工程。”他在工地上设立了道德讲堂、诚信课堂，与每位农民工签订了“诚信责任书”，约定“我不欠你一分钱，你要垒好每一块砖”。他带领过的农民工有14万多人次，其中300多人成为建筑骨干，成为诚信的实践者和传播者。李江福始终坚持用良心做事，靠诚信盖楼，从事建筑行业30多年，建造了1 000多栋楼，未出现过一次质量问题，其中有160多个项目获得了中国建设工程鲁班奖、国家优质工程奖等荣誉。

[想一想] 李江福是如何把诚信劳动贯彻始终的?

2. 诚信劳动应遵守的基本准则

在劳动中，诚信不仅是一种劳动态度，更应成为一种行为习惯，贯穿劳动全过程。作为个体的人，无论从事什么劳动，无论承担什么角色，无论处于什么劳动阶段，都要树立正确的诚信劳动观，坚定地崇尚、维护和践行诚信原则，谨慎许诺，信守诺言，履行职责并积极承担责任。

（1）实事求是地承诺。

诚信就是实事求是，诚实无欺。在劳动中，根据自身能力和水平，谨慎许诺，量力而行，不逞能，不说大话、空话和假话，有多大能力就办多大事。《道德经》曰：“夫轻诺必寡信，多易必多难。”这是在告诫人们不要轻易许诺，一旦承诺，就要努力兑现诺言。所谓“言必信”，就是要求我们在劳动中不能把诺言当作戏言，必须经过慎重考虑，做出实事求是的承诺。否则，不仅自己的信誉受损，还会引起他人不满，破坏劳动规则。要做到实事求是地承诺，首先要正确认识自己，客观评价自己的能力和外在条件，切忌未经思考就轻易许诺；其次要适度许诺，承诺的内容要具有可行性和可操作性；最后要讲究践行承诺，踏踏实实、认认真真地完成承诺的内容。在职场中，每份工作都有其特定的任务和职责，为了加强自我管理和约束，切实履行自己的工作职责，员工要做到言必行，行必果。

案 例

2018 年 4 月 12 日，李某担任 A 钢结构技术公司副总经理。劳动合同约定，除公司安排外，李某须保守商业和技术秘密，不得从事与公司业务范围相似的任何第二职业，离职或解除合同之日起 2 年内不得从事同行业同类工作。如果李某违反约定，公司有权要求李某赔偿经济损失 30 万元。2021 年 1 月 4 日，李某代表 B 钢结构公司对外签订与钢结构工程相关的多个合同。2021 年 1 月 31 日，李某从 A 钢结构技术公司辞职。A 钢结构技术公司事后知道李某在职期间代表 B 钢结构公司对外签订工程合同这一情况，遂要求李某支付违约金 30 万元。法院经审理认为，李某作为 A 钢结构技术公司的副总经理，在职期间对单位负有法定的竞业禁止义务，故劳动合同中约定的竞业限制条款合法有效。李某任职期间和离职后均从事竞业限制业务，违反了竞业限制的约定，应向 A 钢结构技术公司支付违约金。根据公平原则和诚实守信原则，法院判决李某向 A 钢结构技术公司支付违约金 15 万元。

[想一想] 李某有没有实事求是地践行承诺？

（2）不折不扣地遵守劳动纪律。

诚信劳动不仅是一种态度，更是一种实实在在的行动，应贯穿整个劳动过程的始终，体现在实践中就是不折不扣地执行劳动规范，遵守劳动纪律。任何组织为了保证工作的顺利进行和高效开展，都会制定必要的工作流程和行为规范，并要求劳动者严格遵照执行。在实际劳动中，诚信劳动就是要求劳动者主动自律，服从统一指挥，遵守技术操作和安全规程。如果劳动者任意迟到早退、旷工、不服从分配、不听从指挥、擅离职守、违章操作，那必然会给人身安全带来严重危害，给生产造成严重损失。此外，诚信劳动就是要求劳动者的劳动行为符合法律规范和道德要求。合理合法的事情要义无反顾地坚持到底，不合理不合法的事情则坚决不做，不能弄虚作假，更不能侵害用人单位的利益。

案 例

2017 年 12 月 11 日上午 8 点 32 分，肖某到 A 市某电子有限公司（以下简称“电子公司”）上班，比正常上班时间迟到约 1 小时。但肖某仍在考勤表出勤时间栏内填写了 7 点 30 分，即电子公司规定的上班时间。电子公司《雇员手册》规定，迟到、早退、缺席等属 A 类犯错，初犯者会收到一次警告，在同一年度内累计收到三次以上警告者，则会被即时辞退；虚报出勤属 C 类犯错，即时辞退。电子公司以肖某虚报出勤违反《雇员手册》为由解除了双方的劳动合同，肖某则认为其行为属

A 类犯错，电子公司属违法解除劳动合同，应支付赔偿金。法院经审理认为，电子公司的《雇员手册》由员工代表大会制定并送达员工，内容亦无违反法律禁止性规定，故用人单位及员工均应自觉遵守，并可作为法院裁判依据。肖某当天迟到 1 小时，本应如实陈述迟到原因，由电子公司依照规章制度处理，但其对迟到原因做虚假陈述，其行为符合电子公司《雇员手册》规定的虚报出勤，故电子公司据此解除与肖某的劳动合同的行为合法，其无须支付赔偿金。

[想一想] 你从该案例中得到了什么启发?

(3) 执着追求高质量的劳动成果。

诚信劳动并不是嘴上说说而已，关键是看实效，体现在劳动中，即追求高质量的劳动成果。高质量地完成劳动既能彰显个人的能力，又能体现出个人的劳动态度和素质。首先要对自己高标准、高要求，坚决杜绝随意糊弄、弄虚作假的现象发生；其次要有执着的精神，坚持不懈。在追求高质量劳动成果的过程中会遇到各种难题和阻力，这时尤其不能有畏难情绪，不能轻言放弃，否则不仅可能前功尽弃，而且违背了诚信原则。

案 例

天眼之父——南仁东

南仁东，FAST（500 米口径球面射电望远镜）工程首席科学家兼总工程师。在 20 多年的时间里，他只做了一件事，做成了这个世界上独一无二的事，即带领团队在西南大山里翻山越岭，克服重重困难，修建了让世界瞩目的国之重器——“天眼”FAST。为了给“天眼”选址，南仁东用了 12 年，带着团队对 1 000 多个洼地进行比选，又实地走遍上百个窝凼，最终决定在贵州省黔南布依族苗族自治州平塘县大窝凼修建“天眼”。那时，贵州的交通条件还不是很好，很多地方无法通车，只能靠步行，他们每天最多只能看一两个窝凼。FAST 工程调试组副组长、南仁东的学生甘恒谦回忆：“有的荒山野岭连条小路也没有，当地农民走着都费劲。”而 FAST 的建造没有经验可循，很多关键技术只能靠自主创新。例如，FAST 设计为索网结构，钢索使用寿命按 30 年计算，要求的疲劳强度是国家规定强度的 2.5 倍。在市场上能找到的产品都无法满足要求，生产企业也没有相应的技术储备，工程几乎停止。为了解决这个难题，南仁东带领团队进行研发，历时两年多，经历近百次失败，才最终取得成功。南仁东以百折不挠的毅力，化身“拼命三郎”，既把握工程的整体方向，又在施工现场亲力亲为，爬山调查危岩、上钢架拧螺丝、拿扁铲削平钢材……FAST 工程现任总工程师姜鹏说：“大到工程整体实施方案，小到一个零部件图纸，南老师都非常了解。”南仁东曾说：“FAST 如果有一点瑕疵，我们对不起国家。”在“天眼”落成启用前，南仁东已罹患肺癌，但他仍然不忘科研事业，坚持在第一线。他用 8 000 多个日夜，在世界天文史上镌刻下新的高度。

[想一想] 南仁东是如何用自己的行动体现精益求精、追求高质量的劳动的？

（二）体面劳动

“体面劳动”是 1999 年国际劳工组织为应对经济全球化形势下的社会经济问题，特别是劳工问题提出的，它的核心内容是使劳动者的劳动权利得到保护，有足够的收入、充分的社会保障和足够的工作岗位。其伦理意义在于实现了劳动者在人格上的平等，在劳动中彰显和成就了人的自由存在本质。

案 例

2020 年 8 月，瑞士良好棉花发展协会（BCI）宣布对所有新疆棉企无限期取消担保认证，这一行为导致新疆棉产品进入了国际贸易的“黑名单”。其后，H&M、耐克、阿迪达斯、GAP 等国外品牌又声称新疆存在“强迫劳动”问题，发出拒绝使用新疆棉产品的声明。对于这种说法，新疆棉商和棉企工人都予以驳斥，认为这纯属出于政治目的的无端打压，新疆采棉作业已有 70% 实现机械化，早已达到我国“体面劳动”的标准，根本不存在所谓的“强迫劳动”。新疆国欣种业有限公司的员工说：“我们平时上八个小时班，中间有两个小时午休时间，夫妻俩一个月的工资是 9 000 元左右。我们公司没有所谓的‘强迫劳动’，我来公司后也没听过、没见过这样的事。”

[想一想] BCI 的“强迫劳动”谎言从何而来？你了解“体面劳动”吗？

在中国，实现“体面劳动”的关键是政府、企业、工会要联合起来，为劳动者提供公平的就业机会、良好的就业环境和全面的社会保障，特别是改善那些处于不利地位的劳动群体的就业环境和劳动条件，给予不同行业、不同职业的从业者充分的尊重和平等。具体来说，就是要做到以下几点。

1. 尊重劳动，反对职业歧视

在市场经济时代，劳动创造的财富有差别，劳动得到的报酬也有差别，我们要承认这个差别，不能搞平均主义，但同时也要尽力缩小这个差别。劳动的价值，体现在劳动过程的始终。劳动只有社会分工的不同，没有高低贵贱的区别，任何一份职业都很光荣。作为一名劳动者，无论在什么岗位，从事什么职业，只要为社会创造了财富，都应该得到尊重。在现实生活中，有人狭隘地将劳动分为三六九等，看不起体力劳动者，认为“劳心者治人，劳力者治于人”，不劳动便能获取高收益的人是尊贵的、了不起的，坐办公室的人就比在生产车间从事一线生产的人高贵，称呼底层劳动者为“打工人”，这些都是不尊重劳动、不尊重劳动者的错误思想。看重劳动结果，看轻劳动过程，说到底，就是丢失了劳动伦理精神。我们呼唤劳动伦理，主张复归劳动应有的人性本位和伦理本性，就是要消弭劳动中所形成的职业鸿沟，让劳动真正散发出人性的光辉，让人人尊重劳动、向往劳动，让劳动成为人在社会上站稳脚跟的最大砝码。正如习近平总书记所言：“在我们社会主义国家，一切劳动，无论是体力劳动还是脑力劳动，都值得尊重和鼓励；一切创造，无论是个人创造还是集体创造，也都值得尊重和鼓励。全社会都要贯彻尊重劳动、尊重知识、尊重人才、尊重创造的重大方针，全社会都要以辛勤劳动为荣、以好逸恶劳为耻，任何时候任何人都不能看不起普通劳动者，都不能贪图不劳而获的生活。”[1] 因此，必须树立劳动平等观、职业平等观，抛弃职业歧视的错误思想，正确、科学地对待不同的职业阶层和工作种类，坚信在平凡的岗位上也能做出不平凡的事业，中华民族伟大复兴需要通过每一个普通劳动者的努力工作来实现。要让劳动成为生命的乐趣，成为幸福的源泉，就必须让劳动者有尊严。

案　例

网上曾有一则“北大才子回家卖猪肉”的新闻，火遍了大江南北，大家纷纷指责和谩骂这位“北大才子”，认为一个如此高学历的人回家卖猪肉是对资源的浪费。新闻的主角陆步轩从北京大学中文系毕业后参加工作，由于不善交际和不能正确处理与同事的关系，用现在的话讲就是缺乏社会经验，无奈之下选择离职。离开工厂后，陆步轩在菜市场开了一家猪肉店，除了戴了一副眼镜，多了一些文质彬彬的气质外，陆步轩和其他卖肉的并没有什么两样。他的生活状况被别人发到网上后，各大媒体争相报道，一时间他成为别人茶余饭后的谈资。后来，陆步轩遇到了和他有着同样经历的人，即他的师弟陈生。陈生也是北大高才生，毕业后先是摆地摊做生意，最后也是卖猪肉。见了面以后，两个人同病相怜，一拍即合，觉得卖猪肉也要卖出北大人的样子。于是，他们开办“屠夫学校”，做精品猪肉，自己办养殖场，给猪听音乐，这就是后来的“壹号土猪”。经过多年的发展，他们成立了广东壹号食品股份有限公司，“壹号土猪”只供应高端消费市场，在全国几十家分店和各大网络平台上销售。随着事业的成功，陆步轩也从一个“卖猪佬”，逆袭成为一个事业有成、身价不菲的董事长。

---

〔1〕习近平. “平语”近人：习近平的“劳动观”[EB/OL].(2017-05-01)[2022-07-17].http://www.xinhuanet.com/politics/2017-05/01/c_1120892090.htm.

[想一想] 陆步轩和陈生为什么一开始受到网民的谴责？后来又是如何实现职业逆袭的？

2. 共享劳动，分享发展成果

改革开放40多年来，我国经济社会发展取得了巨大成就，但不可否认的是在现实生活中，有相当一部分劳动者没有在发展中品尝到甜蜜的果实。社会的贫富差距在拉大，出现了各种利益阶层，劳工权益受损，特别是以体力劳动为生的普通劳动者，劳动强度大，工作时间长，工资待遇低，各种社会保险缺失，安全缺乏保障，身份地位受到歧视，就业选择缺乏机会公平，农民工拉横幅讨薪、外卖小哥为抢时间交通事故频发、打工人压力过大“过劳死”等热点事件不断出现。“资本由于无限度地盲目追逐剩余劳动，像狼一般地贪求剩余劳动，不仅突破了工作日的道德极限，而且突破了工作日的纯粹身体的极限。”[1] 因此，保障劳动者合法权益，构建和谐劳动关系，让劳动者作为社会主义现代化的建设者分享经济社会发展成果，实现体面劳动成为必然要求。正如习近平总书记所言：“党和国家要实施积极的就业政策，创造更多就业岗位，改善就业环境，提高就业质量，不断增加劳动者特别是一线劳动者劳动报酬。要建立健全党和政府主导的维护群众权益机制，抓住劳动就业、技能培训、收入分配、社会保障、安全卫生等问题，关注一线职工、农民工、困难职工等群体，完善制度，排除阻碍劳动者参与发展、分享发展成果的障碍，努力让劳动者实现体面劳动、全面发展。”[2]

案 例

2019年10月，谢某等10余人到所在区的劳动保障监察大队投诉称，某国企的外包公司（以下简称“华某搬运”）及项目实际承包人杨某拖欠30余名工人30余万元工资，华某搬运已撤场，无法联系到华某搬运及杨某。区劳动监察大队于同日受理并立案展开调查。经核实，自然人杨某以华某搬运的名义与某国企签订了搬运承揽协议，协议于2019年6月到期，到期后杨某撤场，其员工部分离职、部分继续在某国企从事搬运工作。杨某以某国企未支付其26万元搬运费为由，拖欠了30余名工人2019年5—6月的工资共计30余万元。2019年12月2日，区人社局对华某搬运及杨某下达《劳动保障监察限期改正指令书》，责令其限期支付拖欠的员工工资。2019年12月23日，因华某搬运及杨某仍未履行支付员工工资的义务，区人社

〔1〕 马克思. 资本论：第一卷［M］. 2版. 北京：人民出版社，2004：306.

〔2〕 习近平. 在庆祝“五一”国际劳动节暨表彰全国劳动模范和先进工作者大会上的讲话［M］. 北京：人民出版社，2015：7-8.

局以涉嫌拒不支付劳动报酬罪向区公安分局移交，区公安分局于同日受理。2019年12月30日，杨某被公安机关刑事拘留。2020年1月6日，杨某的儿子支付了拖欠的所有员工的工资30余万元。

[想一想] 该案例是如何保障劳动者劳有所得、共享发展成果的？

第五节 劳动关系

名人名言

我觉得人生求乐的方法，最好莫过于尊重劳动。一切乐境，都可由劳动得来；一切苦境，都可由劳动解脱。

——李大钊

劳动关系是现代社会最重要的社会经济关系之一。它产生于劳动者与用人单位或雇主之间，这两者之间的关系协调与否，直接影响着生产劳动任务完成质量的高低，直接影响着社会经济秩序的稳定与否。可以说，劳动关系是市场经济中极为重要的一个领域。劳动力市场越发达，劳动关系问题越重要，劳动关系和谐是社会和谐的基础。

一、劳动关系概述

（一）劳动关系的概念、特征及实质

1. 劳动关系的概念

劳动关系是劳动者与用人单位（西方国家一般称为“雇主”）之间，为实现具体劳动过程而形成的社会经济关系的统称。有的国家把劳动关系称为劳资关系、雇佣关系或劳工关系，它是一个会受一定社会的经济、技术、政策、法律制度和社会文化背景影响的概念。

2. 劳动关系的特征

劳动关系作为一种特殊的社会经济关系，具有以下特征。

（1）主体资格法定。

劳动关系双方的主体资格，必须由劳动法确认。关于劳动者主体资格的年龄标准，《劳动法》规定，除国家另有规定的外，劳动者必须年满16周岁。经批准或登记设立的

中华人民共和国境内的法人、个体工商户等依法取得用人单位主体资格，享有用工权利。

（2）具有财产与人身双重属性。

用人单位要通过社会化劳动过程实现自身利益目标，就必须雇佣大批劳动者，劳动者为了获得赖以生存的物质资料，只能通过劳动获得劳动报酬，这就使劳动关系具有了财产属性。在此基础上，劳动者在劳动过程中，人身在客观上也受到一定程度的限制，从属于用人单位。劳动者接受用人单位的劳动管理与指挥，而用人单位同时具有了保护劳动者生命安全、身体健康和提供职业培训的义务。

（3）平等性与从属性相互交织。

在劳动关系的建立过程中，劳动者与用人单位是两个完全平等的主体，但是劳动关系一旦建立，就产生了用人单位的劳动控制权。用人单位可以合理调配劳动者，组织、指挥和协调劳动过程，劳动者必须服从其组织、指挥和调配。因此，劳动关系具有一定的人身从属性。

案 例

王某于2017年2月10日到A电子商务公司面试，经体检和培训合格后，于2017年2月17日开始在A电子商务公司B站点上班。王某的职位为送餐员，根据A电子商务公司在手机app上派送的订单进行送餐。A电子商务公司未与王某订立书面劳动合同，未为王某缴纳社会保险。A电子商务公司与王某约定，如果每月送餐订单数超过570单，每单按照6元计算，且有3 100元底薪；如果每月送餐订单数不足570单，每单按照5元计算，且无底薪。2017年3月至2018年2月，A电子商务公司按月向王某发放报酬共计41 255元。除了每月两天休息外，王某每天上午9点到B站点开早会，之后开始送餐至下午2点，下午2点送餐至下午5点，A电子商务公司对王某进行考勤。2018年1月24日，王某在送餐途中意外受伤，之后就未到A电子商务公司上班。2018年7月12日，王某以A电子商务公司为被申请人，向所在区劳动争议仲裁委员会申请仲裁，请求确认其与A电子商务公司的劳动关系，并要求A电子商务公司支付两倍工资。

[想一想] 王某与A电子商务公司之间存在劳动关系吗？他的要求能实现吗？

3. *劳动关系的实质*

劳动关系的实质是劳动关系双方合作、冲突、力量和权利的相互交织。劳动关系是以劳动换取报酬的经济关系，劳动力作为一种特殊商品，又具有人身和社会属性，即在获取经济利益的同时，劳动者还要从工作中获得人所拥有的体面、尊严和满足。对于用人单位而言，维持生产经营，降低成本，赚取利润，让组织获得长远发展是其基本需求。因此，劳动关系双方必须遵守一套既定的制度规则，通过共同合作来保证生产秩序和生产任务的完成。但是，在现实生活中，劳动关系双方的利益、目标和期望常常会出现分歧，甚至背道而驰，冲突也就在所难免。冲突的形式，对于劳动者来说，有罢工、旷工、怠工、抵制、辞职等；对于用人单位而言，有关闭工厂、惩罚、解雇等。而劳动关系双方是选择合作还是选择对抗，通常取决于双方的力量对比。但无论孰弱孰强，一旦发生冲突，必然会干扰正常的生产秩序，损害劳动成果，进而影响劳动关系双方的利益。

案　例

2008 年 3 月 31 日，某航空公司从昆明飞往大理、丽江、西双版纳、芒市、思茅和临沧六地共 14 个航班在飞到目的地上空后，告知乘客无法降落，又都飞回昆明，这导致昆明机场更多航班延误。该航空公司给出的解释是“天气原因”，但同一天飞往上述地区的其他航空公司航班则正常降落。据该航空公司的一名工作人员透露，航班集体返航事件，诱因可能是两天前在飞行员宿舍流传的一封公开信，信中列出了四条“应该警醒”的理由：一是相对于同行而言，待遇太差；二是一些针对飞行员的检查使“飞行员的自尊心受到了巨大的伤害”；三是工资和补贴标准没有与税收标准接轨；四是“××飞行员事件”，质疑他曾遭受天价索赔（该航空公司原飞行员××因跳槽遭公司索赔 1 257 万元，在国内创下飞行员跳槽遭索赔金额新高）。信的结尾写道：“本着有益于自己身心健康、有益于飞行安全、有益于公司健康和谐发展的原则，望大家畅所欲言，同心协力。”一名飞行员在接受记者采访时表示，“这封信得到了大家的认同”。

事后，经过多方协调，管理方与飞行员代表通过多轮磋商达成了谅解协议，并对危害飞行安全和乘客利益的返航行为做出严肃处理，同时承诺妥善解决飞行员相关诉求。

[想一想]　劳动者应当如何理性合法地表达利益诉求和协调劳动冲突呢?

（二）劳动关系的协调机制

为了避免劳资冲突频繁发生，减少劳资矛盾，促进劳动关系良性运行与协调发展，国家通常都必须进行一系列的制度设计。这种制度设计以加强和巩固伙伴关系为原则，以双赢为目标，从而实现和谐劳动关系。表现在市场经济运行过程中，就是除了通过强制性的劳动立法外，还可以通过一些相对柔性的机制诸如集体协商机制、三方协商机制等规范双方当事人的权利与义务，实现双赢。

1. 集体协商与集体协议

（1）集体协商。

集体协商又称集体谈判，是指企业职工一方与企业根据法律的规定，就劳动报酬、工作时间、劳动安全卫生等与劳动关系有关的事项进行平等商谈的活动。作为市场经济下国家劳动关系制度的核心，它不仅规定了劳动者的工资福利水平，而且确立了以集体协议的方式调整劳动关系的正式规则。集体协商可以使劳资冲突规范化，是规范市场经济和调整劳动关系十分有效的基本手段和主要方法，也是现代工业社会劳动者应当拥有的一项权利。随着劳动关系的日益复杂化和多样化，为协调非公经济中存在的劳资矛盾与冲突，进入21世纪以后，我国开始大力引入和推广集体协商制度。集体协商机制是构筑理想劳动关系的基础，在推动建立和谐社会中发挥着不可替代的作用。

（2）集体协议。

集体协商的结果就是形成集体协议，也就是俗称的集体合同。集体合同又称团体协议、团体契约，是指企业职工一方与企业就劳动报酬、工作时间、休息休假、劳动安全卫生、保险福利等事项，通过平等协商达成的书面协议。集体合同的有效期通常为1~3年，在合同有效期内，双方代表可对集体合同内容进行变更或解除集体合同。如果由于签订集体合同的环境和条件发生变化，致使集体合同难以履行，任何一方均可提出变更或解除集体合同的要求。一方提出变更或解除集体合同时，另一方应给予答复，并在7天内进行协商。

《劳动法》第三十五条规定："依法签订的集体合同对企业和企业全体职工具有约束力。"集体合同双方当事人必须全面履行集体合同规定的义务，任何一方都不得擅自变更或解除集体合同。集体合同的当事人如果违反集体合同的规定，就要承担相应的法律责任。劳动者个人与用人单位订立的劳动合同中劳动条件和劳动报酬等标准不得低于集体合同的规定。

案 例

2016年3月5日，某纺织公司工会代表全体职工与公司签订了集体合同。合同规定，职工工作时间为每日8小时，每周40小时，周六、周日为公休日。如果在周六、周日安排职工加班，便在加班后的一周内安排补休；在上午和下午连续工作4小时期间安排工间操各一次，每次时间为20分钟，此20分钟计入工作时间之内；职工的工资报酬不低于每月3 000元，加班加点的工资及其他实物性福利不包括在内；工资于每月5日前支付；合同的有效期为2016年4月1日至2020年3月31日。双方都要严格遵守集体合同，任何一方都不能违反，否则要赔偿对方所受到的损失。

2017 年 8 月 1 日招聘的工人到该纺织公司下属的分厂上班后，发现车间细尘很多，连续工作 4 小时后头昏脑涨，以陶某为代表的分厂职工向分厂领导提出工作期间休息一会儿，换换空气。分厂领导答复说，上班时间不休息是劳动合同中已经规定了的，集体合同中规定职工的工资报酬是每月 3 000 元，你们的工资报酬是每月 3 500 元，就是因为取消了 20 分钟的中间休息时间。集体合同规定的职工中间休息 20 分钟是与其工资报酬数量少相对应的。

[想一想]　陶某等人能享受集体合同规定的待遇吗？分厂领导的说法是否成立？

2. 三方协商机制

（1）三方协商机制的含义和主体。

三方协商机制又称三方协商原则。1976 年国际劳工大会通过的《三方协商促进履行国际劳工标准公约》规定，它是政府、雇主组织和工会就与劳动关系相关的社会经济政策和劳动立法及劳动争议处理等问题进行沟通、协商、谈判和合作的原则与制度的总称。其中，政府代表国家，雇主组织代表雇主，工会代表工人。三方协商机制的实质是在拥有不同利益诉求的三方之间实行权利分享、共同协调、增进了解、求得共识。我国自 20 世纪 90 年代中期开始，逐渐出现了在相关法律法规的平台上建立由用人单位（雇主协会）、劳动者（工会）、政府（行业协会）组成的三方协商机制。

（2）三方协商机制的重要作用。

经济体制改革的不断深化，经济结构调整力度的进一步加大，企业所有制形式、劳动组织形式、劳动者就业形式的日益多样化，劳动关系利益主体的日趋复杂化、多元化，迫切需要我们加快建立健全适应社会主义市场经济发展要求的劳动关系调整机制。劳动关系三方协商机制，是我国劳动关系调整机制的重要组成部分，是社会主义市场经济条件下协调劳动关系的有效途径，对维护劳动关系双方的利益，最大限度地保护、调动和发挥广大职工的积极性，促进我国劳动关系的和谐稳定，推动国民经济持续快速健康发展都具有重要的意义。

案　例

江苏某织造有限公司是淮安市纺织行业龙头企业，在全国酒店布草领域处于领军地位。受 2020 年新冠肺炎疫情影响，400 多名职工复工后无事可做，思想情绪出现波动。公司工会深入职工队伍，寻求破解难题的措施，组织职工与行政方多次协商，最终通过了共享用工的方案。这一方案解决了疫情防控期间部分职工的稳岗保薪问题，维护了职工的劳动就业权，同时也帮助复工缺员企业及时复工，解决了其用工困难，成为工会在疫情防控期间助力稳岗保薪的创新举措。

[想一想] 三方协商机制在新冠肺炎疫情中对缓和劳动关系发挥了什么作用？

（三）构建和谐劳动关系

和谐劳动关系是指劳动过程中的主体与客体之间的和谐关系，是劳动关系双方一种和谐融洽的良好状态。党和政府始终高度重视维护和促进劳动关系的稳定和谐。党的十六届六中全会审议通过的《中共中央关于构建社会主义和谐社会若干重大问题的决定》提出“发展和谐劳动关系”，党的十七大报告要求“规范和协调劳动关系”，党的十八大报告明确提出“构建和谐劳动关系”，随后中共中央、国务院于2015年发布《关于构建和谐劳动关系的意见》。进入新时代以来，构建社会主义和谐劳动关系成为国家治理新理念和新要求。

1. 构建和谐劳动关系的必要性

劳动关系和谐是社会和谐的基础，是完善社会主义市场经济体制的内在要求，是协调劳资矛盾的迫切需要。当前，我国劳动关系总体是协调稳定的，职工利益得到了较好的保障。但由于我国正处在经济体制转轨和社会转型时期，再加上国际经济形势的变化、新技术的出现和2020年突如其来的新冠肺炎疫情的冲击，劳动关系出现了新趋势。

第一，劳动力市场发生变化，新型用工快速发展。一大批新生代劳动者投身快递、外卖、网约车、直播带货等现代服务业，新业态劳动力市场有大量高校毕业生进入，技能人才迅速崛起，劳动力总供给减少。

第二，资本定义规则。资本对交易规则、支付规则、劳动规则等都做了一系列设计。例如，平台经济规则，“平台拿大头，劳动者拿小头”，资本越来越强势。又如，外卖小哥被困在系统算法里，争抢时间，危及生命安全的报道屡见不鲜。

第三，劳动关系碎片化和去劳动关系化。电商平台、共享经济和网络直播的兴起，使传统的单一用人方式、固定的劳动关系开始松动，兼职劳动、多雇主、多重劳动关系、任务分解引发的劳动关系碎片化，以及标准雇佣劳动关系碎片化等现象越来越多。例如，相关数据显示，2021年，共有527万名骑手在美团平台获得收入，共有114万名骑手在饿了么平台获得稳定收入，而这些外卖平台大多采用众包的方式，也就是骑手只在平台注册信息，按平台分配的订单提供配送服务，然后根据订单量获取收入，却不是平台的固定用工，没有与平台签订劳动合同，没有形成规范的劳动关系。这种新的劳动关系使劳动力交易成本降低，劳动力使用更加方便，但对劳资双方的自律性、合作性、自主性要求更高。

上述新趋势、新特点的出现使劳动关系更加多样化、复杂化，一部分企业社会责任缺失，劳动者的劳动就业、收入分配、社会保障等权益受到侵害的现象屡有发生。只有妥善处理劳动关系中出现的新情况和新问题，通过协商方式解决劳动争议，发展和谐劳动关系，才能巩固劳动者队伍，维护社会稳定，才能让广大劳动者共享社会经济发展成果。

2. *如何构建和谐劳动关系*

在新时代，我国劳动关系的塑造本质上是要实现从传统的冲突、对抗向尊重产权、重视规则、维护诚信、突出合作、追求共赢的根本转型。因此，和谐劳动就是新时代构建和谐劳动关系的本质内涵，从劳动者的角度来说就是要坚持以人为本，提高劳动者自身素质，通过用人单位和劳动者的双向努力，更好地维护和实现劳动者的合法权益。

（1）和谐劳动，关键是要坚持以人为本。

企业和职工不是对立的两面，企业为职工提供就业机会、发展机会，企业要做好做大同样离不开职工的投入和支持。企业要想拥有良好的劳动关系，就必须真心诚意地为职工着想，尽可能解决好职工最关心、最直接、最现实的利益问题。随着劳动者队伍的代际更替，以“80后”“90后”甚至“00后”为主的新生代劳动者队伍，更加注重劳动条件的整体改善和职业发展，希望得到更多的尊重。这些诉求是社会进步、时代发展的表现。企业应当尊重这些诉求，重视这些变化，为职工的发展创造更好的条件。

（2）和谐劳动，着力点在提高劳动者自身素质上。

劳动者应当树立利益共同体观念，懂得企业的利益就是自己的利益，强化责任感，与企业共荣辱。同时，劳动者要加强学习，多参加培训，学习新技术，掌握新技能，提高职业素养，恪守职业道德，爱岗敬业，诚实守信，干一行爱一行。劳动者还要学法、懂法、守法，依法维权，敢于、善于用法律的手段保护自己的利益。

实践活动

“劳动模范采访”主题活动

榜样的力量是无穷的，劳动模范是民族的精英、人民的楷模。从新中国建设时期的“铁人”王进喜、“两弹元勋”邓稼先，到改革开放时期的“知识工人”邓建军、“白衣圣人”吴登云，再到新时代的“走钢丝的高空医生”陈国信、“大国工匠”管延安……不同的时代，不同的岗位，同样的精神。新中国成立以来，一大批劳动模范以平凡的劳动创造了不平凡的业绩，铸就了“爱岗敬业、争创一流，艰苦奋斗、勇于创新，淡泊名利、甘于奉献”的劳模精神，丰富了民族精神和时代精神的内涵。劳动模范是最美的劳动者，劳模精神是伟大时代精神的生动体现。

请以小组（8—10 人）为单位组织一次“劳动模范采访”的主题活动，选择一位劳动模范或一个特定的劳动模范群体作为访谈对象，了解劳模精神，致敬劳动模范。采访形式不限，可以是电话、微信、邮件、视频等形式的采访，也可以是直接的面谈采访。采访内容要求用文字、照片或短视频方式记录。

【过程记录】

活动计划
活动关键点
活动难点及解决方案
心得体会

【结果评价】

“劳动模范采访”主题活动评价表

评价标准	分值	得分小计	教师评价
对劳模精神的理解	20		
活动形式有新意且效果显著	20		
分工合理，成员积极参与	20		
活动过程记录详细	20		
采访完成度高，成果显著	20		

第三章

劳动权益保护

第一节　劳动法律

名人名言

伟大的成绩和辛勤的劳动是成正比例的，有一分劳动就有一分收获，日积月累，从少到多，奇迹就可以创造出来。

——鲁　迅

1802 年，英国颁布《学徒健康与道德法》，标志着现代意义上的第一部真正的劳动法律产生，该法自产生之日起就以保护劳动者的权益为根本宗旨与主要原则。劳动法自产生以来，由于对劳动关系的稳定和社会经济的促进具有特殊的作用，因此为世界各国所普遍认同，在世界范围内得到了迅速发展。作为新时代的大学生，了解劳动法律的基本原理，关注和掌握劳动法律的主要内容，有助于其准确把握法律精神，切实维护自身合法的劳动权益，真正分享经济社会发展的成果。

一、劳动法律基本原理

（一）劳动法律的含义

劳动法律是调整劳动关系及与劳动关系有关的其他社会关系的法律规范的总称。

1. 劳动法律中的行为——劳动

劳动法律意义上的劳动不同于一般意义上的劳动。首先，它要求从事劳动的人具备作为劳动者的法定条件，并且这种劳动是由劳动者从事的，能够得到劳动报酬，从而用于满足自身及其家庭成员生活需求的劳动；其次，这种劳动的对象必须是除劳动者本人及其家人外的人，具有明显的社会性；最后，这种劳动还必须建立在劳动合同或雇佣关系的基础上，从属于一定的用人单位或雇主，从事劳动的人须服从用人单位或雇主的管理。

2. 劳动法律中的行为人——劳动者和用人单位

所谓劳动法律中的行为人，是指劳动关系的当事人，具体地说就是劳动者和用人单位。

（1）劳动者。

在我国，劳动者是为用人单位提供劳动力，并获取劳动报酬的自然人，常被称为职工、员工、工人或雇员。作为特定的自然人，劳动者必须具备相应的条件。

第一，年龄条件。《劳动法》规定，公民的最低就业年龄是16周岁，不满16周岁的公民不能就业，不能与用人单位发生劳动法律关系。禁止用人单位招用未满16周岁的公民，否则用人单位将承担相应的法律责任。对于有可能危害未成年人健康、安全或道德的职业或工作，最低就业年龄应不低于18周岁。

第二，劳动能力条件。由于劳动行为只能由劳动者本人施行，所以劳动者必须具备劳动能力，也就是独立行使自己的劳动权利和行为权利的能力。例如，完全丧失行为能力的公民就不具备劳动能力条件。此外，要具备劳动能力还要求劳动者行为自由，因为劳动者只有具备自由行为的能力，才能以自己的行为去参加劳动。被判处有期徒刑的人，尽管心智健全，但他们是被依法剥夺人身自由的公民，其劳动行为同样不能称为法律意义上的“劳动”。

案 例

“‘影响企业形象，影响员工观感’‘现在正常人找工作都难，别说你这种情况了’……这些年，这些话像针一样，扎得我心都麻木了。”2018年9月18日，海安市一位因脊柱畸形而被确定为二级残疾的24岁女青年马某在接受记者采访时这样讲述她的求职遭遇。马某懂会计，能够熟练操作计算机办公软件，然而8年来，她跑了4个城市几十家单位，这些单位都以她“相貌不佳”影响企业形象等理由拒绝了她。

［想一想］ 残疾人是法律意义上的“劳动者”吗？

（2）用人单位。

用人单位是指依法招用和管理劳动者，对劳动者承担有关义务者，在现实生活中常被称为雇主、企业主、资方、雇佣人等，在中国法律上统一称为“用人单位”，具体包括在中华人民共和国境内依法核准登记的各种所有制性质、各种组织形式的企业、个体经济组织、事业单位、国家机关、社会团体等。

（二）劳动法律的调整对象

劳动法律的调整对象包括劳动关系及与劳动关系有关的其他社会关系。劳动关系是指劳动者与用人单位之间在实现社会劳动过程中产生的社会关系，而与劳动关系有关的其他社会关系是指基于劳动关系产生的劳动权利与义务关系。

案 例

2021 年 4 月 29 日，从某研究总院退休的孙某与智能公司签订了劳动合同，约定孙某在智能公司负责总工工作，每月基本工资为 2 800 元，岗位工资为 5 200 元。孙某于 2021 年 4 月 29 日到智能公司工作，同年 6 月，智能公司向孙某发放了 7 000 元工资。2021 年 7 月 26 日，智能公司发出内部调整通知，孙某改任公司技术顾问。同年 7 月底，孙某离开智能公司，智能公司没有向孙某发放 2021 年 5 月和 7 月的工资。孙某向当地劳动争议仲裁委员会提出仲裁申请，要求智能公司发放工资及补偿金。

[想一想] 孙某能实现自己的要求吗？为什么？

（三）劳动法律的适用范围及调整内容

1. 适用范围

劳动法律的适用范围通常指劳动法律发生作用的范围，包括主体适用范围和地域适用范围。

（1）主体适用范围。

主体适用范围以法定用工主体为标准确定，具体适用范围包括：在中华人民共和国境内的企业、个体经济组织和与之形成劳动关系的劳动者；国家机关、事业组织、社会团体和与之建立劳动合同关系的劳动者。其中，需要特别注意的是，我国事业单位在实行聘用制用工制度改革后，聘用制工作人员与事业单位所产生的聘用劳动关系，属于劳动法律的适用范围；国家机关在《中华人民共和国公务员法》适用范围之外采取劳动合同制方式招聘工勤人员或与非公务员岗位劳动者所建立的劳动关系，同样属于劳动法律的适用范围。

（2）地域适用范围。

凡是在中华人民共和国境内与《劳动法》确认的用工主体形成的劳动关系均适用我国劳动法律，包括外国企业在中华人民共和国境内设立的外商投资企业和中国企业派往外国的劳动者。

案 例

徐某经私人介绍，到王家担任“家政服务员”。双方口头约定，徐某须工作6个月，工作期间无双休日及法定节假日。6个月后，徐某向王家提出支付双休日及法定节假日加班费的要求。双方协商未果，徐某遂向法院提起诉讼，但法院没有支持徐某的诉讼请求。

[想一想] 法院为什么没有支持徐某的诉讼请求？

2. 调整内容

劳动法律调整的核心内容是劳动关系双方当事人（劳动者与用人单位）的权利与义务关系。

（1）劳动者的权利与义务。

根据我国现行劳动法律的规定，劳动者通常享有平等就业和选择职业的权利、取得劳动报酬的权利、休息休假的权利、获得劳动安全卫生保护的权利、接受职业技能培训的权利、享受社会保险和福利的权利、提请劳动争议处理的权利、参加和组织工会的权利，以及与用人单位进行集体协商、谈判的权利。在享有和行使劳动权利的同时，劳动者必须依法履行相应的义务，即完成劳动任务、提高职业技能、执行劳动安全卫生规程、遵守劳动纪律和职业道德。

（2）用人单位的权利与义务。

用人单位的权利与义务和劳动者的权利与义务具有对应性，即劳动者应当履行的义务就是用人单位应当享受的权利，劳动者应当享受的权利就是用人单位应当履行的义务。当然，除此之外，用人单位还享有三项特殊的权利，即用工自主权、组织管理权和奖惩权。

案 例

今年28岁的应小姐在浦西一家外资公司工作，公司规定员工上下班都要打卡。2021年3月，应小姐所在公司检查员工2021年2月的考勤卡，发现其打卡时间有10天与另一名员工完全一致。该公司《员工手册》规定，代人或托人打卡属严重过错，予以解除劳动合同的处罚。2021年3月23日，公司通知应小姐移交工作，当天下午，应小姐收到公司与之解除劳动合同的通知。应小姐不服，向当地劳动争议仲裁委员会申请仲裁，要求公司撤销解除劳动合同的处理决定，支付解除劳动合同经济补偿金4个月的工资（每月3 010元），支付未提前通知解除劳动合同替代金1个月的工资。

[想一想] 该公司的处罚合理吗？应小姐有没有履行自己应尽的义务？

二、劳动就业

就业是民生之本、财富之基，只有实现了就业，公民的劳动权才能实现，国家经济社会的可持续发展才能获得匹配的人力资源支持。从世界范围来看，促进就业是各国政府的重要任务。在社会主义市场经济条件下，如何依法构建适合我国国情的就业促进机制，促进平等就业，反对就业歧视，实现充分就业目标，是我国劳动就业促进法律迫切需要解决的问题。

（一）劳动就业概述

1. 劳动就业的概念及特征

劳动就业从劳动法律的角度来解释，就是具有劳动能力的公民在法定劳动年龄内自愿从事有一定劳动报酬或经营收入的社会劳动。它具有以下特征：

（1）劳动就业的主体具有特定性。劳动就业的主体必须是法定劳动年龄内具有劳动能力的公民。根据我国现行劳动法律的规定，除国家另有规定外，年满16周岁的公民才具有劳动就业的资格。

（2）劳动就业必须出于公民自愿。劳动就业是公民的一种权利，行使或放弃这种权利，必须完全取决于公民自己的意愿。

（3）劳动就业必须是一种能够为社会创造财富或有益于社会的劳动。这是劳动者的劳动是否能得到社会承认和法律保护的前提。

（4）劳动就业必须使劳动者能够获得一定的劳动报酬或经营收入。这是劳动者实现劳动力再生产的物质保障。

案　例

小芳是某大学二年级的学生，经常在课余时间做家教，每次1小时，1小时80元，1周2次，一年下来也赚了不少零花钱。

[想一想]　小芳的家教活动属于就业行为吗？为什么？

2. 劳动就业的形式

劳动就业的形式实质上就是劳动力资源配置的方式，从市场配置资源的方式来看，目前我国主要有四种劳动就业形式。

（1）劳动者与用人单位直接洽谈就业。

这实际上是劳动者竞争就业，即为了获得就业岗位，劳动者之间展开公平竞争，常见的方式是参加用人单位的考试考核，考试考核合格者获得就业岗位，实现就业。劳动者竞争就业的程序通常为：① 由用人单位在劳动力市场发布招工或招聘广告，求职者报名登记；② 用人单位进行报名资格、学历资格、表现等审查；③ 求职者参加文化考试，通过考试后参加体检；④ 用人单位和求职者面谈或求职者参加用人单位组织的面试；⑤ 用人单位决定是否录用或聘用，决定录用或聘用后通知求职者；⑥ 用人单位和求职者协商签订劳动合同，办理劳动关系手续。

案 例

近几年，人才招聘市场上开始流行所谓的“人才拍卖”。“人才拍卖”也称“报价招聘”，就是要求求职者登台演讲，自报身价，然后由用人单位举牌竞价，最后求职者与出价最高的用人单位签订劳动合同。有评论说，国内人才市场出现的“人才拍卖”用人机制，能够让更多的人才以“自报身价”的方式脱颖而出，也能让求贤若渴的用人单位靠高薪和好的待遇寻觅到“千里马”，这是人才市场化的必然趋势。也有反对声，说人才不是商品货物，不能简单地待价而沽，这是侵犯求职者的人格尊严。

[想一想] 你对“人才拍卖”有什么看法?

（2）职业介绍机构介绍就业。

职业介绍机构为劳动力供求双方沟通联系，促使求职者和用人单位订立劳动合同，帮助求职者实现就业。

职业介绍机构是指依法设立的从事职业介绍工作的专门机构。我国法律规定，职业介绍机构应有开展业务必备的固定场所、具备相应职业资格的专职工作人员和相应的办公设施，为求职者和用人单位沟通联系，提供就业服务，促进求职者和用人单位相互选择，为充分开发和利用劳动力资源服务。我国职业介绍机构包括劳动部门开办的职业介绍机构、非劳动部门开办的职业介绍机构和公民个人开办的职业介绍机构三类。2000 年 12 月，劳动和社会保障部颁布实施的《劳动力市场管理规定》第四章“职业介绍”第十五条规定：“职业介绍机构分为非营利性职业介绍机构和营利性职业介绍机构。其中，非营利性职业介绍机构包括公共职业介绍机构和其他非营利性职业介绍机构。”公共职业介绍机构是指由各级劳动保障行政部门举办，承担公共就业服务职能的公益性服务机构。其他非营利性职业介绍机构是指由劳动保障行政部门以外的其他政府部门、企事业单位、社会团体和其他社会力量举办，从事非营利性职业介绍活动的服务机构。营利性职业介绍机构是指由法人、其他组织和公民个人举办，从事营利性职业介绍活动的服务机构。该规定还明确了职业介绍机构可以从事的业务范围。

（3）劳动者自己组织起来就业。

劳动者自己组织起来就业又称劳动者自愿组织起来就业，是指劳动者在国家的扶持下，自愿组织起来，通过各种集体经济组织实现就业，国家在资金、税收、场地等方面给予政策照顾。随着我国市场经济体制建设的不断深入和国家保障民生就业力度的持续加强，在鼓励大众创业、万众创新的社会氛围下，我国政府自2015年以来陆续出台了一系列的政策措施。例如，与鼓励大学生创业相关的优惠政策，主要有以下几个方面。[1]

① 可选择多种市场主体类型进行创业：个人独资企业、个体工商户、有限责任公司、合伙企业、农民专业合作社等。

② 税收优惠：持人社部门核发“就业创业证”的高校毕业生在毕业年度内创办个体工商户的，可按规定在3年内以每户每年12 000元为限额（最高可上浮20%，具体由各省、自治区、直辖市人民政府根据本地区实际情况确定）依次扣减其当年实际应缴纳的增值税、城市维护建设税、教育费附加、地方教育附加和个人所得税。对高校毕业生创办小微企业的，可按规定享受小微企业普惠性税费政策；创办个体工商户的，对其年应纳税所得额不超过100万元的部分，在现行优惠政策基础上减半征收个人所得税。

③ 创业担保贷款和贴息：对符合条件的自主创业的高校毕业生，可在创业地申请创业担保贷款，最高贷款额度为20万元，对符合条件的个人合伙创业的，可根据合伙创业人数适当提高贷款额度，最高不超过总额的10%。对10万元及以下贷款、获得设区的市级以上荣誉的高校毕业生创业者免除反担保要求；对高校毕业生设立的符合条件的小微企业，最高贷款额度提高至300万元，财政按规定给予贴息。

④ 资金扶持：第一，免收有关行政事业性收费。毕业2年以内的普通高校毕业生从事个体经营的，3年内，免收管理类、登记类和证照类等有关行政事业性收费。第二，求职创业补贴。对在毕业学年有就业创业意愿并积极求职创业的低保家庭、贫困残疾人家庭、原建档立卡贫困家庭和特困人员中的高校毕业生，残疾及获得国家助学贷款的高校毕业生，给予一次性求职创业补贴。第三，一次性创业补贴。对首次创办小微企业或从事个体经营，且所创办企业或个体工商户自工商登记注册之日起正常运营1年以上的离校2年内高校毕业生，试点给予一次性创业补贴。第四，享受培训补贴。对大学生在毕业年度内参加创业培训的，按规定给予培训补贴。

⑤ 创业服务：第一，免费创业服务。可免费获得公共就业和人才服务机构提供的创业指导服务。第二，技术创新服务。各地区、各高校和科研院所的实验室及科研仪器、设施等科技创新资源可以面向大学生开放共享，提供低价、优质的专业服务。第三，创业场地服务。鼓励各类孵化器面向大学生创新创业团队开放一定比例的免费孵化空间。政府投资开发的孵化器等创业载体应安排30%左右的场地，免费提供给高校毕业生。有条件的地方可对高校毕业生到孵化器创业给予租金补贴。第四，创业保障政策。加大对

---

〔1〕《普通高校学生自主创业政策公告》，教育部高校学生司，2022年3月25日。

创业失败大学生的扶持力度，按规定提供就业服务、就业援助和社会救助。毕业后创业的大学生可按规定缴纳“五险一金”。

（4）自谋职业。

自谋职业是我国劳动者实现就业的重要途径，它是指劳动者通过从事个体工商经营、开办个人独资企业和进行合伙经营而实现就业的行为。随着市场经济的发展，自谋职业越来越受到重视，国家大力支持和鼓励失业人员通过自谋职业实现再就业的主要政策有税收减免、资金支持、培训补贴、免费服务等。当前流行的网约车、代驾司机、网络直播、微商带货中相当一部分都属于劳动者通过自谋职业实现就业。可以说，随着社会分工方式的专业化、精细化，社会需求的多样化、差异化，就业方式的灵活化、弹性化，以及劳动者自主意识的增强，自谋职业将会被越来越多的劳动者选择。

案 例

身边的同龄人——“90 后”女大学生白手创业的故事

说起彭丽，大部分人肯定都没有听过这个名字，但是南京很多高校的演出活动都要依赖她的公司提供服装道具产品。这个外形瘦小、一脸朴实的女孩，竟然是当前“垄断”南京大部分高校服装租赁市场的“大佬”级人物，实在让人不敢相信。1993 年出生的彭丽是徐州人，之前是南京某学院电子信息工程专业的学生。她的创业之路开始于大一，而她创业的理由很简单，就是家里条件不好，“缺钱”。当时她觉得学校里的服装租赁生意有市场，便开始尝试，但买服装需要钱，而她没有，她只能退而求其次，从外面租来服装再转租给客户使用。就这样，生意在不温不火中持续了几个月，彭丽没有赚到什么钱，却积累了不少经验。大二时，彭丽的创业道路迎来了转机。当时学校举办了一场创业大赛，希望从中发现有潜质的学生进行创业扶持，彭丽和一名同学结伴，一道成功入围了大赛，获得了学校免费提供的创业场地支持，她的创业之路开始走上正轨。2013 年，学校举行 60 周年庆，当时领导大胆决定，把这次活动的所有演出道具交给彭丽简陋到近乎寒碜的公司来做。“那场活动太大了，各种服装道具加起来有 300 多件，而我们当时的服装很少，三分之二的服装都是从外面租来的。”顶住压力，成功承办了学校的周年庆活动之后，彭丽的公司业务量快速增长。很快，她的公司规模扩大了，不但招募了一批团队成员，还在仙林地区的其他高校陆续开了分公司。公司经过一年的发展，面貌发生了翻天覆地的变化。公司仓库里的服装数量已经超过一万件，独立支撑一场大型演出游刃有余。顺理成章地，公司的市场也在逐步扩张，从早期专注学校内部业务到后来覆盖整个仙林地区，再到现在已经可以辐射南京的所有高校。

如今，彭丽的公司早已不是昔日单纯做二手服装租赁生意的小公司了，在经营服装租赁生意的同时，彭丽开始尝试做一些文化创意和演出方面的业务，推动公司走多元化发展之路。具体来说，彭丽的公司除了经营服装租赁业务外，还涉足舞台灯光、文化衫定制、特色服装定制、广告制作、展会承办等各种领域。

[想一想] 彭丽在创业过程中能享受哪些政策优惠？

（二）政府在促进就业方面的基本职责

促进就业是指国家采取的帮助公民实现劳动就业的一系列措施的总称。促进就业既是国家保障劳动者就业权实现的内在要求，也是国家保障公民生存权的重要举措。我国在 2007 年颁布《中华人民共和国就业促进法》（以下简称《就业促进法》），实施积极的就业政策，充分调动劳动者的积极性和主动性，保障公平就业和促进充分就业是我国政府在今后很长一段时间内需要坚持和努力的方向。我国政府在促进就业方面的基本职责表现为以下几点。

1. 扩大就业职责

国家通过促进经济社会发展，创造就业条件，扩大就业。《就业促进法》规定，一方面，各级政府要把扩大就业作为经济和社会发展的重要目标，纳入国民经济和社会发展规划，制定促进就业的中长期规划和年度工作计划，通过发展经济和调整产业结构、规范人力资源市场、完善就业服务、加强职业教育和培训、提供就业援助等措施，创造就业条件，扩大就业；另一方面，国家要倡导劳动者树立正确的择业观念，提高就业能力和创业能力，通过积极的财政政策、税收政策和金融政策为劳动者自主创业、自谋职业提供便利。

2. 发展职业教育职责

职业教育是指根据现代社会职业需求及劳动者从业意愿和条件，按照一定的标准，对劳动者所进行的旨在培养和提高其职业技能的教育训练活动。根据《中华人民共和国职业教育法》的规定，职业教育由职业学校教育和职业培训两部分组成。其中，职业学校教育分为中等职业学校教育和高等职业学校教育。职业培训包括就业前培训、在职培训、再就业培训及其他职业性培训。通过职业教育，使受教育者具备从事某种职业或实现职业发展所需要的职业道德、科学文化与专业知识、技术技能等职业综合素质和行动能力。近年来，党和政府高度重视职业教育，颁布了一系列重要规定，如《国家中长期教育改革和发展规划纲要（2010—2020 年）》《现代职业教育体系建设规划（2014—2020 年）》《“十四五”职业技能培训规划》等，对加快构建现代职业教育体系、提升职业发展水平具有重要作用。

3. 完善就业援助制度职责

就业援助制度是政府以就业困难人员为主要对象，通过制定各类特殊扶持政策，多渠道开发公益性岗位，有针对性地提供就业援助服务，帮助就业困难人员尽快就业再就业的一项制度。目前，我国一方面通过间接的政策激励，如采取税费减免、贷款贴息、社会保险补贴、岗位补贴等办法来对就业困难人员实施就业援助；另一方面由政府作为出资主体或通过社会筹集资金，开发符合社会公共利益需要的服务岗位、协助管理岗位等公益性岗位，以安置就业困难人员。

4. 反对就业歧视职责

反对就业歧视，实现平等就业是党和政府的一贯立场与原则。根据歧视原因的不同，《劳动法》规定了民族歧视、种族歧视、性别歧视、宗教信仰歧视四种就业歧视类型，《就业促进法》则在上述四种就业歧视的基础上增加了健康歧视和户籍歧视。从现实来看，我国的就业歧视主要表现为以下几种。

（1）性别歧视。

性别歧视是指用人单位在招聘、任用、晋升和待遇上对女性实施不合理的差别对待。

（2）户籍与地域歧视。

户籍与地域歧视是指用人单位在招聘、任用、晋升和待遇上对特定户籍或地域的劳动者实施不合理的差别对待。例如，限制外地户籍劳动者就业，给予外地户籍劳动者较差的工资报酬、福利待遇等。

案 例

2021年6月，黄某在网站上看到某公司招聘两名文案人员的消息，觉得自己的各项条件都符合岗位要求，便在网上向该公司投了简历，然而没有得到任何回复。心急之下，她打电话到该公司人事部询问应聘情况，得到的答复是该职位“仅限男性”。

［想一想］ 该公司是否存在就业歧视？

（3）年龄歧视。

年龄歧视是指用人单位在招聘、任用、晋升和待遇上对特定年龄的劳动者实施不合理的差别对待。主要表现是以一定的年龄作为招聘、任用、晋升、培训及解雇、裁员或退休的决定性依据。例如，在招聘广告上明确表明只招收35周岁以下的劳动者。

（4）健康歧视。

健康歧视是指用人单位针对一些足以胜任工作条件、不会危害公共安全卫生的劳动者，在聘用和待遇上实行差别对待。这些劳动者包括病毒性肝炎、艾滋病等传染病群体，糖尿病、高血压等非传染性疾病群体，精神疾病群体，等等。

（5）残疾歧视。

残疾歧视是指用人单位直接拒绝录用残疾人，或通过建立一定的体检标准来排除那些实际上完全具备工作岗位胜任能力的残疾人。

（6）身体歧视。

身体歧视是指用人单位设定一些与工作岗位所需能力无关的身高、相貌上的规定，对求职者进行歧视，如常见的“男性在某高度以上，女性在某高度以上”等。

案 例

某银行招聘网络管理员，应聘者徐某，男，因身高低于170厘米而被淘汰。事后，徐某认为银行在招聘过程中存在身体歧视，诉诸法律。

［想一想］ 银行的行为构成就业歧视吗？

《劳动法》第三条规定：“劳动者享有平等就业和选择职业的权利。”第十二条规定：“劳动者就业，不因民族、种族、性别、宗教信仰不同而受歧视。”第十三条规定：“妇女享有与男子平等的就业权利。”《就业促进法》专门设置“公平就业”一章，明确“禁止就业歧视”，“用人单位招用人员、职业中介机构从事职业中介活动，应当向劳动者提供平等的就业机会和公平的就业条件，不得实施就业歧视”，强调“违反本法规定，实施就业歧视的，劳动者可以向人民法院提起诉讼”。

三、劳动合同

劳动合同是劳动力市场中用来规范和调整个别劳动关系的最基本手段。在劳动纠纷频发、劳动者权益受损的情况下，依法签订劳动合同，合理维护自身权益至关重要。

（一）劳动合同概述

1. *劳动合同的内涵*

劳动合同又称劳动契约、劳动协议，是指劳动者与用人单位之间依法确立劳动关系，明确双方权利和义务的书面协议。

2. *劳动合同的特点*

第一，劳动合同主体具有特定性。一方是劳动者，即具有劳动权利能力和劳动行为能力的中国人、外国人和无国籍人；另一方是用人单位，即具有使用劳动能力的权利能力和行为能力的企业、个体经济组织、国家机关、事业组织、社会团体等。

第二，劳动合同内容具有劳动权利与义务的统一性和对应性。没有只享受劳动权利而不履行劳动义务的，也没有只履行劳动义务而不享受劳动权利的。

第三，劳动合同主体之间地位平等，但具有一定的行政隶属性。劳动合同签订后，劳动者成为用人单位的一员，必须依法服从用人单位的行政管理。

（二）劳动合同的内容

1. 必备条款

劳动合同期限、工作内容、劳动保护和劳动条件、劳动报酬、劳动纪律、劳动合同终止条件和违约责任一般是一份规范的劳动合同必不可少的内容。

（1）劳动合同期限。

第一，固定期限劳动合同。它是指用人单位与劳动者约定合同终止时间的劳动合同。用人单位与劳动者协商一致，可以订立固定期限劳动合同。这是目前最为常见的一种劳动合同形式。大多数初入职场的年轻劳动者签订的就是此类劳动合同。

第二，无固定期限劳动合同。它是指用人单位与劳动者约定无确定终止时间的劳动合同。这种劳动合同主要是为了避免用人单位只使用劳动者的黄金年龄段，也是为了保证劳动关系的持续稳定。

第三，单项劳动合同。它是指用人单位与劳动者约定以某项工作的完成为合同期限的劳动合同。此类劳动合同没有固定期限，在无法明确工程项目结束或终止时间的情况下采用。例如，在地铁修建过程中，建设工程公司与一线员工签订以工程完工为合同期限的劳动合同。

用人单位与劳动者应根据双方的实际情况和需要协商确定合同期限。

（2）工作内容。

此必备条款可以约定工作数量、质量，劳动者的工作岗位等内容。在约定工作岗位时，可以约定较宽泛的岗位概念，也可以另外签一个短期的岗位协议作为劳动合同的附件，还可以约定在何种条件下可以变更岗位，等等。

（3）劳动保护和劳动条件。

此必备条款可以约定工作时间和休息休假的内容，各项劳动安全与卫生措施，对女工和未成年工的劳动保护措施与制度，用人单位为不同岗位劳动者提供的劳动、工作的必要条件，等等。

（4）劳动报酬。

此必备条款可以约定劳动者的标准工资、加班加点工资、奖金、津贴、补贴的数额及支付时间、支付方式等。

（5）劳动纪律。

此必备条款应当将用人单位制定的规章制度约定进来，可将内部规章制度作为劳动合同的附件。

2. 协商条款

协商条款分为法定协商条款和补充协商约定条款。前者一般涉及试用期、竞业限制、保密协议、服务期等问题，后者主要涉及保险、福利待遇等问题。这些都要通过用人单位与劳动者的平等协商来确定。例如，关于试用期的规定，无论合同期限长短，法律明确规定试用期最长不得超过6个月，试用期的工资不得低于本单位相同岗位最低档工资或劳动合同约定工资的80%，并不得低于用人单位所在地的最低工资标准。又如，竞业限制期限最长不得超过2年。

案 例

某软件公司与邢某签订了劳动合同，约定了1年的合同期限及1个月的试用期。合同约定公司每月5日前以货币形式支付邢某工资，月工资为7 500元，试用期工资为4 500元。

[想一想] 这份劳动合同有什么问题吗?

（三）劳动合同的订立、履行和变更

劳动合同通常应当以书面形式订立，但随着劳动合同进入“无纸化”时代，延续了30多年的纸质劳动合同将被逐步淘汰。电子劳动合同与纸质劳动合同具有同等法律效力。

1. 劳动合同的订立原则

第一，平等自愿。在劳动合同的订立过程中，劳动者与用人单位双方的法律地位是平等的。劳动者与用人单位不因各自性质的不同而处于不平等地位，任何一方不得对对方进行胁迫或强制命令。严禁用人单位对劳动者横加限制或强迫命令的情况。

第二，协商一致。在合法的前提下，劳动合同的订立必须是劳动者与用人单位双方协商一致的结果，是双方“合意”的表现，不能是单方意思表示的结果。

第三，合法。劳动合同必须依法以书面形式订立，做到主体合法、内容合法、形式合法、程序合法。只有合法的劳动合同才能产生相应的法律效力。任何一方面不合法的劳动合同都是无效的劳动合同，不被法律承认和不受法律保护。例如，口头约定的劳动合同，采取欺诈、胁迫手段签订的劳动合同，责任自负的生死劳动合同等都属于无效的劳动合同。

案 例

2019年4月27日，李某入职华冠公司。2021年5月24日，华冠公司发现李某存在伪造学历、填写虚假资料的行为，而公司2020年版员工手册中规定，提供虚假身份证件、学历证件、健康证、离职证明等，欺骗公司者，公司可与其解除劳动合同。同时，公司2017年版员工手册、2019年员工入职时新人训练计划表及新人考核试卷中，也有同样的规定。因此，华冠公司根据这些规定与李某解除了劳动合同。李某不服，提出上诉，认为公司对学历要求并未尽到告知义务，也存在入职时失察的问题，且公司并未因员工学历造假而遭受损失，员工也未出现不胜任工作的情况，公司录用员工本质上是基于能力而非学历，不能以此解除劳动合同。

[想一想] 李某与华冠公司签订的劳动合同具有法律效力吗？

2. 劳动合同的履行

所谓履行，是指用人单位和劳动者应当按照劳动合同的约定，全面履行各自的义务。劳动者本人应当秉承诚实信用原则，根据劳动合同约定的地点、方式实际从事劳动合同约定的工作，履行劳动合同约定的全部义务，不能随意改变。用人单位变更名称、法定代表人、主要负责人或投资人等事项，不影响劳动合同的履行。

3. 劳动合同的变更

劳动合同的变更是指在劳动合同成立以后，尚未履行或未完全履行以前，当事人就劳动合同约定的内容达成的修改和补充。《中华人民共和国劳动合同法》（以下简称《劳动合同法》）第三十五条规定："用人单位与劳动者协商一致，可以变更劳动合同约定的内容。"需要注意的是，变更劳动合同，应当采用书面形式，并且：① 合同的变更必须经当事人协商一致，是在原合同的基础上达成变更协议；② 合同内容的变更是指合同内容的局部变更，不是合同内容的全部变更；③ 合同变更后，原合同变更的部分依变更后的内容履行，原合同没有变更的部分依然有效。

案 例

胡某是上海某造纸厂的工程师，月薪8 000元。2021年5月10日，公司人事部门告知他，因业务发展需要，须将胡某派往宿迁分厂工作，担任总工程师，月薪15 000元。胡某思考数日后，表示同意前往分厂工作，双方于2021年5月15日变更劳动合同内容。

[想一想] 胡某和造纸厂的劳动合同变更需要具备什么前提条件？

（四）劳动合同的解除、终止和法律责任

1. *劳动合同的解除*

解除劳动合同是职场中发生纠纷和争议最多的领域，了解劳动合同解除的法律规定，有助于劳动者在职业生涯中穿上“保护甲”，避免陷入不利局面。

劳动合同的解除是指在劳动合同订立后，尚未履行完毕前，由某种因素导致双方当事人提前终止合同效力的法律行为，分为双方协议解除和单方解除。双方协议解除是指当事人双方协商一致后解除合同；单方解除是指当事人一方通过行使法定解除权或约定解除权而使合同的效力消灭。由于双方协议解除是基于双方协商一致的结果，争议纠纷较少，所以单方解除是关注重点。

（1）劳动者可以单方解除劳动合同的情形。

《中华人民共和国劳动合同法实施条例》第十八条规定，有下列情形之一的，劳动者可以与用人单位解除劳动合同：① 劳动者与用人单位协商一致的；② 劳动者提前 30 日以书面形式通知用人单位的；③ 劳动者在试用期内提前 3 日通知用人单位的；④ 用人单位未按照劳动合同约定提供劳动保护或劳动条件的；⑤ 用人单位未及时足额支付劳动报酬的；⑥ 用人单位未依法为劳动者缴纳社会保险费的；⑦ 用人单位的规章制度违反法律、法规的规定，损害劳动者权益的；⑧ 用人单位以欺诈、胁迫的手段或乘人之危，使劳动者在违背真实意思的情况下订立或变更劳动合同的；⑨ 用人单位在劳动合同中免除自己的法定责任、排除劳动者权利的；⑩ 用人单位违反法律、行政法规强制性规定的；⑪ 用人单位以暴力、威胁或非法限制人身自由的手段强迫劳动者劳动的；⑫ 用人单位违章指挥、强令冒险作业危及劳动者人身安全的；⑬ 法律、行政法规规定劳动者可以解除劳动合同的其他情形。

案　例

王某与某有限责任公司签订了为期 3 年的劳动合同，自 2019 年 2 月起至 2022 年 2 月止，试用期为 6 个月。2019 年 6 月 8 日，王某向公司提出解除劳动合同，并要求支付经济补偿金。公司认为王某解除劳动合同无正当理由，因而不同意解除劳动合同。如果王某一定要解除劳动合同，那么责任自负，公司也不会支付经济补偿金。

［想一想］　王某能否单方解除劳动合同？为什么？

（2）用人单位可以单方解除劳动合同的情形。

《中华人民共和国劳动合同法实施条例》第十九条规定，有下列情形之一的，用人单位可以与劳动者解除劳动合同：① 用人单位与劳动者协商一致的；② 劳动者在试用

期间被证明不符合录用条件的；③ 劳动者严重违反用人单位规章制度的；④ 劳动者严重失职，营私舞弊，给用人单位造成重大损害的；⑤ 劳动者同时与其他用人单位建立劳动关系，对完成本单位的工作任务造成严重影响，或经用人单位提出，拒不改正的；⑥ 劳动者以欺诈、胁迫的手段或乘人之危，使用人单位在违背真实意思的情况下订立或变更劳动合同的；⑦ 劳动者被依法追究刑事责任的；⑧ 劳动者患病或非因工负伤，在规定的医疗期满后不能从事原工作，也不能从事由用人单位另行安排的工作的；⑨ 劳动者不能胜任工作，经过培训或调整工作岗位，仍不能胜任工作的；⑩ 劳动合同订立时所依据的客观情况发生重大变化，致使劳动合同无法履行，经用人单位与劳动者协商，未能就变更劳动合同内容达成协议的；⑪ 用人单位依照企业破产法规定进行重整的；⑫ 用人单位生产经营发生严重困难的；⑬ 企业转产、重大技术革新或经营方式调整，经变更劳动合同后，仍需裁减人员的；⑭ 其他因劳动合同订立时所依据的客观经济情况发生重大变化，致使劳动合同无法履行的。

案　例

某公司与佘某签订了劳动合同，期限为 2019 年 8 月 25 日至 2022 年 12 月 31 日，约定试用期为 6 个月，试用期的工资为每月 3 000 元。在试用期间，该公司向佘某送达了终止试用期通知书，称根据其工作表现及《员工试用期转正考核制度》，决定终止试用，并解除劳动合同，工资支付至 2019 年 12 月。佘某称从未见过《员工试用期转正考核制度》，要求公司支付违法解除劳动合同的赔偿金。

［想一想］　佘某能被解除劳动合同吗？

（3）用人单位不得解除劳动合同的情形。

为了充分保障劳动者的合法权益，《劳动合同法》第四十二条规定，劳动者有下列情形之一的，用人单位不得解除劳动合同：① 从事接触职业病危害作业的劳动者未进行离岗前职业健康检查，或疑似职业病病人在诊断或医学观察期间的；② 在本单位患职业病或因工负伤并被确认丧失或部分丧失劳动能力的；③ 患病或非因工负伤，在规定的医疗期内的；④ 女职工在孕期、产期、哺乳期的；⑤ 在本单位连续工作满 15 年，且距法定退休年龄不足 5 年的；⑥ 法律、行政法规规定的其他情形。

案　例

小王在某公司工作 1 年后结婚生育，公司以其产假结束后仍不上班为由，与其解除劳动合同。小王不服，但也不愿在该公司继续工作，要求该公司支付赔偿金。

［想一想］　小王能得到赔偿金吗？

2. 劳动合同的终止

劳动合同的终止是指劳动合同期满或当事人双方约定的劳动合同终止条件出现，劳动合同不再履行或生效，即行终止。《劳动合同法》第四十四条规定，有下列情形之一的，劳动合同终止：① 劳动合同期满的；② 劳动者开始依法享受基本养老保险待遇的；③ 劳动者死亡，或被人民法院宣告死亡或宣告失踪的；④ 用人单位被依法宣告破产的；⑤ 用人单位被吊销营业执照、责令关闭、撤销或用人单位决定提前解散的；⑥ 法律、行政法规规定的其他情形。

3. 违反劳动合同的法律责任

用人单位和劳动者任何一方违反劳动合同的约定，都必须依法承担相应的违约责任。违约责任的承担方式分为支付违约金和支付赔偿金。

（1）劳动者的违约责任。

根据劳动法律法规的相关规定，劳动者违反竞业限制和服务期约定的，应当按照劳动合同的约定向用人单位支付违约金。

案　例

周某于2010年6月入职A公司，任研发部技术总监。2019年12月31日，周某与A公司签订了保密协议。在该保密协议第十九条中，双方约定，周某离职后3年内不得在与A公司生产经营同类产品或提供同类服务的其他企业、事业单位、社会团体内担任任何职务，也不得自营与A公司相同或具有竞争性关系的产品或服务。2021年6月1日，由周某提出，经双方协商一致，周某与A公司解除劳动关系。后周某诉至法院，主张保密协议第十九条违反法律规定，请求确认该条款无效。

[想一想] 周某的请求能实现吗？

（2）用人单位的违约责任。

用人单位在违反法律规定的情况下，作为过错方，通常需要支付赔偿金。

第一，用人单位自用工之日起超过1个月不满1年未与劳动者订立书面劳动合同的，应当向劳动者每月支付两倍的工资，并与劳动者补订书面劳动合同。

第二，用人单位自用工之日起满1年未与劳动者订立书面劳动合同的，自用工之日起满1个月的次日至满1年的前一日应当向劳动者每月支付两倍的工资，并视为自用工之日起满1年的当日已经与劳动者订立无固定期限劳动合同，应当立即与劳动者补订书面劳动合同。

第三，用人单位违法解除或终止劳动合同，劳动者要求继续履行劳动合同的，用人单位应当继续履行；劳动者不要求继续履行劳动合同或劳动合同已经不能继续履行的，用人单位应当支付赔偿金。

案 例

吴晓芳2020年大学毕业，当年8月应聘入职某信息咨询公司，约定月薪6 500元，合同期3年。但是，由于公司的人力资源总监去了总部培训，加上公司流程影响，一直到12月底公司仍没有与吴晓芳签订正式书面劳动合同。2021年1月3日，吴晓芳向公司要求支付13 000元作为赔偿金。

[想一想] 吴晓芳能得到赔偿金吗?

四、劳动条件

用人单位雇佣劳动者工作，必须为劳动者提供必要的劳动条件。随着社会的发展，逐步提高劳动者的劳动条件是世界各国劳动立法的发展趋势。劳动条件立法主要涉及劳动报酬、工作时间与休息休假时间的法律规定。

（一）劳动报酬

1. 劳动报酬的概念

劳动报酬即工资。广义的工资，泛指人们因从事各种劳动而获得的货币收入或有价物。狭义的工资（也称薪金、薪水、薪酬），专指劳动法所调整的劳动者基于劳动关系取得的各种劳动收入，包括计时工资、计件工资、奖金、津贴和补贴、延长工作时间工资、特殊情况下支付的工资等。本书讨论的工资是狭义的工资概念。

2. 不属于工资范畴的收入

需要注意的是，劳动者的以下几类收入不属于工资范畴。

第一，保险福利费用。用人单位按照国家法律法规为员工缴纳的社会保险费、住房公积金及向员工发放的住房补贴、上下班交通费补贴、冬季取暖补贴、防暑降温费等，都是用人单位在工资总额以外实际支付给职工个人的保险福利费用。

第二，劳动保护费用。这是指用人单位为员工改善劳动条件、提供安全生产保护的费用，如解毒剂、清凉饮料、夏季冷饮等的费用。

第三，按规定未纳入工资总额的各种劳动报酬。这些劳动报酬包括各种奖励、稿费、翻译费、讲课费、课题费；第二职业收入、兼职收入；各单位利用业余时间组织职工进行生产、咨询服务、科研、设计和其他活动，从得到的收入中支付给职工的现金和实物；单位之间业务往来收取的手续费等收入中给职工个人的提成；等等。

第四，实物折款。这是指职工个人从单位内外得到的；按规定未列入工资总额和保险福利费用的各种实物折款。

第五，财产性收入。包括职工个人从银行和企业获得的存款利息、债券利息、股息和股金分红等。

第六，转移性收入。包括职工个人从职工以外其他阶层人员中得到的赠送收入、亲友搭伙费、遗产收入，以及从各种意外事故中得到的补偿和由于各种灾害从非营利机构得到的捐赠收入等。

3. 最低工资制度

根据我国现行劳动法律的规定，最低工资是指劳动者在法定工作时间或依法签订的劳动合同约定的工作时间内提供了正常劳动的前提下，用人单位依法应支付的最低劳动报酬。其中，正常劳动是指劳动者按依法签订的劳动合同约定，在法定工作时间或劳动合同约定的工作时间内从事的劳动。劳动者依法享受带薪年休假、探亲假、婚丧假、生育（产）假、节育手术假等国家规定的假期间，以及法定工作时间内依法参加社会活动期间，视为提供了正常劳动。

（1）不得作为最低工资组成部分的收入。

第一，延长工作时间工资。

第二，中班、夜班、高温、低温、井下、有毒有害等特殊工作环境和条件下的津贴。

第三，法律、法规和国家规定的劳动者福利待遇等。

也就是说，在劳动者提供正常劳动的情况下，用人单位应支付给劳动者的工资在剔除上述各项以后，不得低于当地最低工资标准。

（2）最低工资标准。

最低工资标准是单位劳动时间的最低工资数额。《劳动法》第四十八条规定："最低工资的具体标准由省、自治区、直辖市人民政府规定，报国务院备案。"因此，我国没有实行统一的最低工资标准，而是由各地根据实际情况确定。实际上，最低工资标准一般受到当地就业者及其赡养人口的最低生活费用、城镇居民消费价格指数、职工个人缴纳的社会保险费和住房公积金、职工平均工资、经济发展水平、就业状况等因素影响。

目前，我国主要采取月最低工资标准和小时最低工资标准两种形式。月最低工资标准适用于全日制就业劳动者，小时最低工资标准适用于非全日制就业劳动者。

案　例

某国有企业所在地的法定最低工资标准为每月 1 840 元，该企业职工冯某 8 月份全勤，领到全部工资收入 2 200 元，其中，冷饮费 100 元，合理化建议奖 400 元，交通补贴 100 元，午餐补贴 158 元。

[想一想]　冯某的工资构成是否合理？

4. 工资支付保障

第一，工资支付形式。《劳动法》第五十条规定："工资应当以货币形式按月支付给劳动者本人。不得克扣或者无故拖欠劳动者的工资。"因此，工资必须以法定货币形式发放，不得以实物形式支付。

案　例

王某所在的公司以"底薪+补助+绩效"的形式发放薪酬，绩效按卖货吨数计算。公司让员工卖礼盒，员工卖不完公司规定的数量就得自己买下，于是王某辞职了。但王某离职时，公司把他当月卖货的绩效奖金扣了，用以抵扣分配给他的礼盒金额。

[想一想]　公司这样做合法吗？为什么？

第二，工资支付时间。工资应当按月支付，不论是实行小时工资、日工资、月工资等计时工资制还是实行计件工资制，用人单位都应当按月向劳动者支付工资。非全日制用工劳动报酬结算支付周期最长不得超过 15 日，即可以按 2 周一次的形式结算。

第三，禁止克扣工资。用人单位必须按照法定或劳动合同约定的标准，无条件地向员工发放全部工资，不得以任何形式、任何借口克扣工资。

案　例

李艳是一家房地产公司的销售人员，其与公司签订的劳动合同中约定，月工资为 4 000 元，另加提成。2018 年 1 月，公司的楼盘销售量出现了大幅滑坡，公司遂打算辞退李艳。碍于高额经济补偿，公司采取了"隐性辞退"策略：让李艳回家待岗，每月只发 600 元生活费，使她陷入低收入而又不能到别的用人单位兼职的境地，最终迫使她辞职。

[想一想]　房地产公司只发放生活费的做法符合法律规定吗？为什么？

（二）工作时间与休息休假时间

工作权和休息权是《宪法》规定的劳动者的基本权利。《宪法》第四十三条规定：

“中华人民共和国劳动者有休息的权利。”劳动者的工作权和休息权是通过工作时间和休息时间体现出来的。工作时间是指劳动者基于劳动关系，在用人单位应该从事劳动或工作的时间。休息时间是指劳动者在工作时间以外由个人支配，用于消除身心疲劳、安排自己生活的时间，包括工作时间的间歇时间、两个工作日之间的休息时间、每周的休息日、法定休假节日等。劳动法律对劳动者的工作时间和休息休假时间加以保证的主要目的在于，保障劳动者的身体健康，补偿劳动者因工作导致的体力消耗，更重要的是能让劳动者利用闲暇时间学习业务和技术，提高工作能力和生产技术水平，以更好的状态保证生产、工作任务的完成。

1. 工作时间

工作时间一般以小时为计算单位，包括每日（工作日）工作的小时数和每周（工作周）工作的天数、小时数。依照我国现行的工时制度，它主要有以下类型。

（1）标准工作时间。

标准工作时间是指正常工作时间标准，即法律规定的职工在每个工作日相对固定的工作时间，是我国工时制度的主要形式。这是国家机关、社会团体、企业事业单位在正常情况下普遍实行的工时制度。我国的标准工作时间是根据1994年3月1日正式施行的《国务院关于职工工作时间的规定》（国务院令第146号）确定的，其核心内容是职工每日工作8小时，平均每周工作44小时。1994年7月，《劳动法》的颁布进一步明确了我国实行劳动者每日工作时间不超过8小时、平均每周工作时间不超过44小时的工时制度，同时规定用人单位应当保证劳动者每周至少休息1日。

（2）缩短工作时间。

特殊条件下的缩短工作时间，是指在严重有害健康和劳动条件恶劣及对女职工和未成年工实行特殊保护的情况下，劳动者的工作时间少于标准工作时间的工时制度。我国实行缩短工作时间的情形主要有以下几种：

第一，特殊劳动岗位。每日工作时间不少于8小时的，如从事矿山井下，高处、高温、低温作业，有毒有害，特别繁重或过度紧张的劳动等工作的职工。

第二，夜班劳动。夜班劳动系指在当日晚上10点至次日早上6点从事劳动或工作。夜班劳动改变了人们的正常生活规律，增加了神经系统的负荷，因此劳动法律规定夜班工作时间比标准工作时间减少1小时，用人单位应当发放夜班津贴。国家还规定对怀孕7个月以上、哺乳未满1周岁婴儿的女职工，不得安排夜班劳动。

第三，女职工哺乳时间。用人单位应当在每天的劳动时间内为哺乳期女职工安排1小时哺乳时间；女职工生育多胞胎的，每多哺乳1个婴儿每天增加1小时哺乳时间。

（3）延长工作时间。

延长工作时间是指劳动者每个工作日的工作时间超过标准工作时间的工时制度。

《劳动法》第四十一条规定了用人单位延长工作时间的标准，即一般每日不得超过 1 小时。因特殊原因需要延长工作时间的，在保障劳动者身体健康的条件下延长工作时间每日不得超过 3 小时、每月不得超过 36 小时。同时，《劳动法》第四十四条还规定了用人单位延长工作时间支付劳动者工资的标准。延长工作时间的工资报酬因延长工作时间的情况不同而分为三个档次：工作日安排劳动者延长工作时间的，支付不低于工资的 150%的工资报酬；休息日安排劳动者工作又不能安排补休的，支付不低于工资的 200%的工资报酬；法定休假日安排劳动者工作的，支付不低于工资的 300%的工资报酬。

（4）特殊工作时间。

特殊工时制度包括不定时工作制和综合计算工时工作制。

不定时工作制的适用范围：① 企业中的高级管理人员、外勤人员、推销人员、部分值班人员和其他因工作无法按标准工作时间衡量的职工；② 企业中的长途运输人员、出租汽车司机和铁路、港口、仓库的部分装卸人员，以及因工作性质特殊，须机动作业的职工；③ 其他因生产特点、工作性质需要或职责范围关系，适合实行不定时工作制的职工。

综合计算工时工作制的适用范围：① 交通、铁路、邮电、水运、航空、渔业等行业中因工作性质特殊，须连续作业的职工；② 地质及资源勘探、建筑、制盐、制糖、旅游等受季节和自然条件限制的行业的部分职工；③ 其他适合实行综合计算工时工作制的职工。

2. 休息休假时间

休息休假的种类随着经济社会的发展而变化，并且因产业、行业的不同而不同。目前，我国休息休假的种类有以下几种。

（1）休息日标准。

休息日又称公休假日，是劳动者满一个工作周后的休息时间。根据《国务院关于职工工作时间的规定》（国务院令第 174 号），自 1995 年 5 月 1 日起，国家机关、事业单位实行统一的工作时间，星期六和星期日为周休息日。企业和不能实行国家规定的统一工作时间的事业单位，可以根据实际情况灵活安排周休息日。自此，我国开始实行双休制，即每周工作 5 日、休息 2 日。自 1995 年 1 月 1 日起施行的《劳动法》规定，用人单位应当保证劳动者每周至少休息 1 日。

（2）法定年节假日标准。

法定年节假日是由国家法律、法规统一规定的用以开展纪念、庆祝活动的休息时间，也是劳动者休息时间中的一种。我国现行法定年节假日标准具体为：

第一，全体公民放假的节日：新年，放假 1 天（1 月 1 日）；春节，放假 3 天（农历正月初一、初二、初三）；清明节，放假 1 天（农历清明当日）；劳动节，放假 1 天（5

月1日）；端午节，放假1天（农历端午当日）；中秋节，放假1天（农历中秋当日）；国庆节，放假3天（10月1日、2日、3日）。

第二，部分公民放假的节日及纪念日：妇女节（3月8日），妇女放假半天；青年节（5月4日），14周岁以上的青年放假半天；儿童节（6月1日），不满14周岁的少年儿童放假1天；中国人民解放军建军纪念日（8月1日），现役军人放假半天。

案　例

某公司实行标准工时工作制，员工小张3月份扣除加班工资后的工资为5 000元，4月份加班工资计发基数为5 000元。公司安排小张清明节当天加班。

［想一想］　小张清明节当天的加班工资最低是多少？

（3）年休假标准。

带薪年休假是劳动者连续工作满1年后每年依法享有的保留职务和工资的一定期限连续休息的假期。2007年国务院颁布的《职工带薪年休假条例》明确规定，机关、团体、企业、事业单位、民办非企业单位、有雇工的个体工商户等单位的职工连续工作1年以上的，享受带薪年休假。职工累计工作已满1年不满10年的，年休假5天；已满10年不满20年的，年休假10天；已满20年的，年休假15天。国家法定休假日、休息日不计入年休假的假期。2008年《机关事业单位工作人员带薪年休假实施办法》和《企业职工带薪年休假实施办法》公布实施。至此，我国全面建立了适用于各类用人单位的带薪年休假制度。带薪年休假制度的实行，有利于劳动者的身体健康，也有利于劳动者在经过充分的休息后以更充沛的精力投入生产和工作中。

（4）探亲假标准。

根据《国务院关于职工探亲待遇的规定》，凡在国家机关、人民团体和全民所有制企业、事业单位工作满1年的固定职工，与配偶不住在一起，又不能在公休假日团聚的，可以享受探望配偶的假期待遇（每年给予一方1次，假期30天）；与父亲、母亲都不住在一起，又不能在公休假日团聚的，可以享受探望父母的假期待遇（未婚职工每年1次，假期20天；已婚职工每4年1次，假期20天）。同时，用人单位应根据实际需要给予路程假。探亲假期包括公休假日和法定节日在内。

（5）婚丧假标准。

在我国，国有企业职工可以享受婚丧假。按照《国家劳动总局、财政部关于国营企业职工请婚丧假和路程假问题的通知》的规定，职工本人结婚或职工的直系亲属（父母、配偶和子女）死亡时，可以根据具体情况，由本单位行政领导批准，酌情给予1至3天的婚丧假。同时，可以根据路程远近，另给予路程假。

案　例

2019 年，某科技公司创始人关于“996 是福报”的讲话引发社会热议：“现在这是国内的一个很热门的话题，很多企业都有这个问题。我个人认为，能做 996 是一种巨大的福气，很多企业、很多人想 996 都没有机会。如果你年轻的时候不 996，你什么时候可以 996？你一辈子没有 996，你觉得你就很骄傲了？这个世界上，我们每一个人都希望成功，都希望有美好生活，都希望被尊重，我请问大家，你不付出超越别人的努力和时间，你怎么能够实现你想要的成功？”

什么是“996. ICU”？996. ICU 是指工作 996、生病 ICU（重症加强护理病房），也就是从早上 9 点上班到晚上 9 点下班，每周工作 6 天，生病了就住进 ICU。

［想一想］　你支持时下流行的 996 工作制吗？有没有相关的劳动法律可以保护劳动者的休息权利？

第二节　劳动保障

名人名言

劳动永远是人类生活的基础，是创造人类文化幸福的基础。

——马卡连柯

劳动保障是指为保护劳动者的基本权益所采取的一切措施和行为的总和。从这个基本定义可以看出，劳动保障制度是以保障劳动者的合法权益为目的的，这也是它与其他对劳动关系进行调整的法律制度的最主要区别。随着社会的发展，重视劳动保障已经是国家的一项基本方针，确保劳动者的合法权益得到保障能够使劳动者更认真积极地参加工作。《劳动法》第四条规定：“用人单位应当依法建立和完善规章制度，保障劳动者享有劳动权利和履行劳动义务。”现阶段，我国劳动保障制度以覆盖职业劳动者的社会保险制度为核心内容。

一、社会保险概述

（一）社会保险的概念

社会保险是指国家通过法律强制实施，为工薪劳动者在年老、患病、生育、失业及遭受职业伤害的情况下，提供必要的物质帮助的制度，它是劳动保障制度的核心内容，也是法律赋予劳动者的基本权利。《劳动法》第七十条明确规定："国家发展社会保险事业，建立社会保险制度，设立社会保险基金，使劳动者在年老、患病、工伤、失业、生育等情况下获得帮助和补偿。"

2010年颁布的《中华人民共和国社会保险法》（以下简称《社会保险法》）确认立法初衷是"维护公民参加社会保险和享受社会保险待遇的合法权益，使公民共享发展成果，促进社会和谐稳定"，为更好地实现劳动保障提供法律依据。

（二）社会保险的内容

从社会保险的内容来看，它是以经济保障为前提的，按照《社会保险法》的规定，我国的社会保险分为养老保险、医疗保险、失业保险、工伤保险和生育保险。

（三）社会保险的特点

社会保险具有强制性、社会性、互济性等特点。

第一，强制性。社会保险由国家立法加以确认，并强制实施，参保人不得自行确定是否参保，也不得自行选择所参加的保险项目。

第二，社会性。社会保险覆盖范围广泛，包括不同行业、不同层次、不同所有制形式和不同身份的各种劳动者；社会保险保障内容广泛，确保参保人在年老、患病、工伤、失业、生育等情况下，能获得最基本的生活保障，这对促进社会稳定和进步、协调社会经济关系、促进社会公平具有非常重要的意义。此外，社会保险资金的筹集、发放、调剂和管理都具有社会性。

第三，互济性。众人拾柴火焰高，社会保险遵循大数法则，聚集众人的力量来分担一小部分劳动者遭遇的社会风险，具有明显的互济性。

第四，社会保险的客观基础是劳动领域中存在的风险，保险的标的是劳动者的人身，因此，社会保险的主体是特定的，包括劳动者（含其亲属）和用人单位。

（四）社会保险基金

社会保险基金是国家为举办社会保险事业而筹集的，用于支付劳动者因暂时或永久丧失劳动能力或劳动机会而享受的保险金和津贴的储备性专项资金。目前，我国社会保险基金的资金来源大致可以分为以下四个方面：

第一，由参保人按其工资收入的一定百分比缴纳的保险费。

第二，由参保人所在单位按本单位职工工资总额的一定百分比缴纳的保险费。

第三，政府对社会保险基金的财政补贴。

第四，社会保险基金的银行利息或投资回报及社会捐赠等。

社会保险基金具有专款专用的性质，即社会保险基金只能按照特定的范围、特定的标准用于劳动者的保险项目支付，不允许挪作他用，更不能用于弥补财政赤字。

案 例

2020年3月8日，某照明电器有限公司与李某签订了为期3年的劳动合同，同时要求李某书面约定：“因本人原因，在合同期内不愿意公司为我参加社会保险，愿意接受公司每月发放现金600元作为社会保险费补偿。”另外，该公司为李某购买了商业意外保险，但没有为李某参加社会保险。2020年7月6日，李某在工作期间受伤，被送到医院治疗，后被市人力资源和社会保障局认定为工伤，被市劳动能力鉴定委员会鉴定为九级伤残。李某向公司追讨工伤待遇未果，向市劳动争议仲裁委员会申请仲裁。李某要求公司支付相关工伤待遇，包括一次性伤残补助金、一次性伤残就业补助金、一次性工伤医疗补助金、停工留薪期工资，合计189 619元。

[想一想] 参加社会保险的义务能否约定免除？

二、社会保险的险种

（一）养老保险

1. 养老保险的概念和法律特征

养老保险是指在劳动者达到法定老年年龄并从事某种劳动达到法定年限后，由国家和社会依法给予一定物质帮助，以维持其老年生活的一种社会保险形式。养老保险具有以下特征：

第一，劳动者达到法定老年年龄并从事某种劳动达到法定年限，是享受养老保险的法定条件。对于“老年”的界定，各国因劳动力资源状况、社会经济发展状况、劳动者体质状况等多种因素的不同而有所不同。我国现行法律规定男性必须满60周岁，女工人必须满50周岁、女干部必须满55周岁，从事法定劳动必须满15年。

第二，劳动者被依法解除法定劳动义务，是享受养老保险的事实前提。仅符合年龄条件，但没有被解除法定劳动义务，是不能享受养老保险的。

第三，国家和社会依法向被解除法定劳动义务的劳动者提供一定物质帮助，以维持其老年生活，是养老保险的宗旨。

2. 养老保险的内容

随着社会经济的发展和人民生活水平的提高，为了更好地满足劳动者的养老保障需求，目前我国正在逐步建立和完善多层次的养老保险体系，该体系包括基本养老保险、企业年金（职业年金）和个人储蓄性养老保险三个支柱。

第一，基本养老保险是法定养老保险。它由国家通过立法强制实施，保障对象是全体劳动者，资金来源主要是用人单位和劳动者个人的缴费，政府给予资助，具有强制性、互济性和普遍性的特点，提供的是基本养老保障待遇。

第二，企业年金是用人单位在参加了法定养老保险的基础上，根据单位实际情况，自主为本单位职工提供的补充养老保险。作为养老保险体系的“第二支柱”，它是对国家基本养老保险的重要补充。

第三，作为养老保险体系的“第三支柱”，个人储蓄性养老保险是职工个人根据自己的工资收入情况，自愿参加、自愿选择经办机构、自愿按规定缴纳的一种补充养老保险，其目的在于扩大养老保险的经费来源，多渠道筹集养老保险基金，减轻国家和企业的负担，更好地多层次保障劳动者的养老权益。

3. 养老保险的保障范围

目前，我国社会养老保险按照覆盖人群的不同，分为城镇企业职工基本养老保险、机关事业单位基本养老保险和城乡居民基本养老保险三大部分。

第一，城镇企业职工基本养老保险主要面向城镇各类性质企业职工，采取社会统筹与个人账户相结合的方式，由用人单位按照单位职工工资总额的相应比例和职工个人上一年度月平均工资的相应比例缴纳保费，筹集资金，按照基础养老金与个人账户养老金相结合的方式发放待遇。

第二，机关事业单位基本养老保险主要面向机关事业单位工作人员，目前以事业单位职工为主。同样采取社会统筹与个人账户相结合的方式，由用人单位按照单位职工工资总额的相应比例和职工个人上一年度月平均工资的相应比例缴纳保费，筹集资金，按照基础养老金与个人账户养老金相结合的方式发放待遇。

第三，城乡居民基本养老保险主要面向城乡非就业人口，包括广大农村人口都可选择此类养老保障项目。该制度采取个人缴费与政府补贴相结合的方式，通过多档缴费，多缴多得，按照基础养老金与个人账户养老金相结合的方式发放待遇。

可以说，我国目前已经构筑了覆盖广大城乡劳动者的养老保险制度安全网，为城乡劳动者的养老提供了制度保障。当然，由于人口预期寿命的延长，以及人口老龄化对劳动力市场的影响，未来的养老保险制度体系还需不断调整和完善。

案　例

老龄化程度的日益加深，使各国面临劳动力短缺、养老金支付困难等压力，“延迟退休”被多个国家提上议事日程。有学者表示，考虑延迟退休的国家，通常都面临两个主要困境：一是在目前或可预见的未来，劳动力将严重短缺，即老年人口的增长与生育率的下降同时存在。以日本为例，其 2019 年人口出生率仅为 0.69%，创下 120 年以来的新低。二是养老金收支不平衡或其潜在压力已经暴露出来。我国目前就面临上述情况。2000—2019 年，我国 60 岁及以上老年人口从 1.26 亿人增加到 2.54 亿人，在总人口中所占的比重从 10.2%上升至 18.1%；而新增人口数量一直在下降，2019 年我国人口出生率为 1.048%，创 2000 年以来最低值。受此影响，我国老年人口的抚养比快速上涨，2019 年，60 岁及以上人口的抚养比约为 24%，即每 100 名 15—59 岁劳动年龄人口供养 24 名 60 岁及以上老年人，而到 2035 年，这一抚养比预测将上升至约 49%。因此，《中华人民共和国国民经济和社会发展第十四个五年规划和 2035 年远景目标纲要》明确提出要“逐步延迟法定退休年龄”。

[想一想] 你赞成延迟退休吗？为什么？

（二）医疗保险

1. 医疗保险的概念和法律特征

医疗保险传统意义上是指由特定的组织或机构经办，通过强制执行的政策法规或自愿缔结的契约，在一定区域的一定参保人群中筹集的医疗保险基金。医疗保险具有社会保险的强制性、互济性、社会性等基本特征。因此，医疗保险制度通常由国家通过立法强制实施，建立基金制度，费用由用人单位和职工个人共同缴纳，医疗保险费由医疗保险机构支付，以降低劳动者因患病或受伤害带来的医疗风险。

2. 医疗保险的保障对象

世界各国医疗保险的被保险人范围受社会经济的发展、医疗保险制度的历史发展和类型的影响，有一个逐步扩大的过程，一般先在个别地区、个别行业、特定群体开始实施，然后扩展到全体劳动者。我国医疗保险的对象和覆盖范围亦是遵循这个发展规律，首先在工薪劳动者中实施，然后扩大到非工薪劳动者和全体居民。

目前，我国社会医疗保险针对不同的人群，主要包括城镇职工基本医疗保险和城乡居民基本医疗保险两大类。

城镇职工基本医疗保险主要覆盖城镇机关事业单位的工作人员和各类性质的企业职工。该保险采取社会统筹与个人账户相结合的筹资模式，由用人单位按单位职工工资总额的相应比例和职工个人上一年度月平均工资的相应比例缴纳保费，形成医疗保险基金，分担劳动者看病就医的医疗风险，减轻医疗费用的压力，保障广大劳动者健康权的实现。

城乡居民基本医疗保险主要覆盖城镇非从业居民和农村户籍劳动者。该保险按照个人缴费和政府补贴自愿参保的方式，筹集医疗保险基金，多缴多得，长缴长得。

3. 医疗保险待遇

医疗保险待遇是指用人单位和职工个人按照一定的费率和费基缴纳医疗保险费，形成医疗保险基金，由基金对参保职工因疾病支付医疗费用所造成的经济损失给予一定的补偿。根据我国现行法律的规定，医疗保险待遇包括以下主要内容：

第一，医疗期待遇。职工享受医疗保险待遇，除完全丧失劳动能力者外，只限于规定的医疗期内。医疗期是指职工因患病或非因工负伤停止工作治病休息不得解除劳动合同的期限，其长度根据职工本人实际参加工作年限和在本单位工作年限确定，最短不少于3个月，最长一般不超过24个月。难以治愈的疾病，经医疗机构提出，本人申请，劳动保障行政部门批准后，可适当延长医疗期，但最多延长6个月。

第二，疾病津贴。疾病津贴俗称病假工资。职工患病或非因工负伤，停止工作满1个月以上的，停发工资，由用人单位按其工龄长短给付相当于本人工资一定比例的疾病津贴，但不得低于当地最低工资标准的80%。

第三，医疗保险待遇。医疗保险待遇的给付是指参加城镇职工基本医疗保险的劳动者生病后，医疗保险经办机构按照事先规定的条件和待遇标准，向患病劳动者提供医疗服务，为其报销医疗费用。职工一般可选择在与社会保险经办机构签订医疗保险合同的定点医院就医。《社会保险法》第二十八条规定："符合基本医疗保险药品目录、诊疗项目、医疗服务设施标准以及急诊、抢救的医疗费用，按照国家规定从基本医疗保险基金中支付。"因此，职工享受到的医疗保险待遇是国家规定的治疗疾病所需的基本医疗服务，而非全部的医疗服务。此外，职工供养亲属患病治疗时，一般仅就某些项目（如药费、手术费等）的医疗费用给予一定比例（一般为50%）的医疗补助。

案　例

相当长一段时间里，因病致贫、因病返贫是困扰我国人民群众脱贫、分享社会发展成果的一大难题。而健康扶贫、医疗保险制度则为劳动者筑牢了生命安全线。"妻子做手术的费用总共10.6万余元，医保报销以后，我们只自费了不到1.7万元，国家的政策真是太照顾我们了！"王权是贵州省黔西南州贞丰县挽澜乡拥跃村马坝组建档立卡贫困户，讲起妻子张希琴心脏瓣膜疾病的医治过程，他说自己心情有些复杂。2002年，张希琴确诊心脏病后，他们就常年奔走于各级医院就诊，加上3个儿子陆续到读书年龄，一家人的经济压力很大。王权回忆说，那时候，妻子的病情主要靠吃药、输液来稳定，费用不低，他不得不外出打工，"但每年不到2万元的收入，还是让我们入不敷出，欠下了不少债务。"2006年，新农合政策在贞丰县实施，村干部告诉王权，参保后到医院看病，国家将为参保人合理报销就医费用。"能省一笔是一笔！"王权和妻子没有多想，立马参保。2011年，黔西南州将新农合和城镇居民医保整合为城乡居民医保，个人参保缴费和报销比例都有所调整。王权算了算发现，几年来已省下不少费用，于是继续参保。2014年，王权一家被认定为建档立卡贫困户，从那时起，他们开始享受基本医保、大病保险、医疗救助“三重保障”。2017年，王权一家通过易地扶贫搬迁政策，搬到县城住进楼房，贞丰县人民医院就在小区旁，看病就医更方便了。受益于“三重保障”，加上王权积极参与乡村产业发展，他们一家在2017年成功脱贫。2019年年底，张希琴病情加重，医生建议通过手术彻底解决其心脏问题。于是，张希琴在王权的陪同下来到贵阳，在贵州医科大学附属医院接受了心脏瓣膜换瓣手术，总共花费10.6万余元，通过“三重保障”报销，他们自己只付了不到1.7万元。“这要换到以前，是万万不敢做的。”王权告诉记者，妻子手术后需要常年服药预防并发症，贞丰县医疗保障局还为妻子办了门诊慢性病待遇，平时复查、吃药也能报销。王权拿出2020年3月妻子口服药的账单向记者展示，原价约629元的口服药，医保报销后，他们只需要支付约188元。王权很满意现在的生活，“日子过得一天比一天好了！”

[想一想]　医疗保险制度是如何帮助王权一家摆脱贫困的？

（三）工伤保险

作为社会保险制度的一个组成部分，工伤保险又称职业伤害保险，是国家通过立法强制实施的，劳动者在工作中或在规定的特殊情况下，遭受事故伤害或患职业病而暂时或永久丧失劳动能力或死亡时，劳动者或其遗属从国家和社会获得物质帮助的一种社会保险形式。

工伤保险是国家对劳动者履行的社会责任，也是劳动者应该享受的基本权利，工伤保险的实施是人类文明与社会发展的标志和成果。工伤保险与生产单位改善劳动条件、防病防伤、安全教育、医疗康复、社会服务等工作紧密相连，对提高生产单位和劳动者的安全生产水平，减少或防止工伤、职业病，保护劳动者的身体健康，至关重要。

1. 工伤保险的特点

一是覆盖生产劳动过程中的劳动者。由于职业危害无所不在、无时不在，任何人都不能完全避免职业伤害，因此，工伤保险作为抗御职业危害的保险制度适用于所有职工，任何职工发生工伤事故或遭受职业病，都应毫无例外地获得工伤保险待遇。

二是实行无过错责任原则。工伤事故的责任无论是归于用人单位，还是归于职工个人或第三者，用人单位均应承担保险责任。

三是基金来源单一。劳动者不缴纳保险费，全部费用由用人单位负担，即工伤保险的投保人为用人单位。

四是奉行经济赔偿与工伤事故预防、职业病防治相结合原则。

2. 工伤保险的范围与认定

工伤保险覆盖生产劳动过程中发生的意外事故所造成的工作伤害和职业病。职业病是指国务院卫生行政部门会同国务院劳动保障行政部门制定的职业病目录中的疾病，也就是企业、事业单位和个体经济组织等用人单位的劳动者在职业活动中，因接触粉尘、放射性物质和其他有毒、有害因素而引起的疾病。

我国2004年施行、2010年修订的《工伤保险条例》规定，工伤保险的适用范围包括中华人民共和国境内的企业、事业单位、社会团体、民办非企业单位、基金会、律师事务所、会计师事务所等组织和有雇工的个体工商户。

（1）根据《工伤保险条例》第十四条的规定，职工有下列情形之一的，应当认定为工伤：

第一，在工作时间和工作场所内，因工作原因受到事故伤害的。

第二，工作时间前后在工作场所内，从事与工作有关的预备性或者收尾性工作受到事故伤害的。

第三，在工作时间和工作场所内，因履行工作职责受到暴力等意外伤害的。

第四，患职业病的。

第五，因工外出期间，由于工作原因受到伤害或者发生事故下落不明的。

第六，在上下班途中，受到非本人主要责任的交通事故或者城市轨道交通、客运轮渡、火车事故伤害的。

第七，法律、行政法规规定应当认定为工伤的其他情形。

（2）根据《工伤保险条例》第十五条的规定，职工有下列情形之一的，视同工伤：

第一，在工作时间和工作岗位，突发疾病死亡或者在48小时之内经抢救无效死亡的。

第二，在抢险救灾等维护国家利益、公共利益活动中受到伤害的。

第三，职工原在军队服役，因战、因公负伤致残，已取得革命伤残军人证，到用人单位后旧伤复发的。

（3）根据《工伤保险条例》第十六条的规定，职工符合本条例第十四条、第十五条的规定，但是有下列情形之一的，不得认定为工伤或者视同工伤：

第一，故意犯罪的。

第二，醉酒或者吸毒的。

第三，自残或者自杀的。

3. 工伤待遇

参加工伤保险的用人单位职工发生工伤，经社会保险行政部门认定为工伤或劳动能力鉴定委员会做出劳动能力鉴定结论，可享受以下待遇：

第一，医疗康复待遇。医疗康复待遇包括工伤治疗及相关补助待遇、康复性治疗待遇，以及假肢、矫形器等的安装、轮椅等辅助器具的配置待遇等。

第二，停工留薪期待遇。在停工留薪期内，工伤职工原工资福利待遇不变，由所在单位按月支付。

第三，伤残待遇。工伤职工根据不同的伤残等级，享受一次性伤残补助金、伤残津贴、伤残就业补助金、生活护理费等待遇。其中，既有一次性待遇，也有长期待遇。

第四，工亡待遇。职工因工死亡，其近亲属可以领取丧葬补助金、供养亲属抚恤金和一次性工亡补助金。

从以上各类待遇的构成和支付渠道来看，工伤保险充分体现了医疗救治、经济补偿和职业康复相结合，以及分散用人单位工伤风险的要求。

案 例

许某是某集团公司矿业分公司的职工。2021 年 11 月 8 日，许某上夜班（工作时间为本日 20 时至次日 8 时），18 时 50 分，许某乘坐班车到达公司停车场，在经由公司厂区内部道路进入工作场所打卡时，因公司内部道路正在施工，且无照明设施，而不慎摔落到施工沟内受伤，被诊断为右大腿、右膝、右小腿、右踝挫伤，右膝内侧半月板损伤，右膝关节髌上囊及关节积液。后公司向所在省人力资源和社会保障厅提出工伤认定申请。省人力资源和社会保障厅受理工伤认定申请后，以许某在上班途中因个人原因摔倒受伤，不符合在上下班途中受到非本人主要责任的交通事故认定为工伤的情形为由，下达《不予认定工伤决定书》。许某不服，随后申请行政复议。

［想一想］ 许某能否享受工伤待遇？为什么？

（四）失业保险

失业是指具有劳动能力并具有劳动意愿的劳动者得不到劳动机会或者就业后又失去工作的状态。在我国，失业一般仅指城镇非农业户口的劳动者，年龄限定在男子 16—50 周岁，女子 16—45 周岁，这个年龄上限比我国法定退休年龄要低。市场经济的波动性和周期性，决定了失业是不可避免的正常现象。为了促进劳动力的合理配置，保障劳动者失业期间的基本生活，促进劳动者再就业，失业保险成为世界各国的一项重要劳动保障制度。

1. 失业保险的概念

失业保险是指国家通过立法强制实施的，由用人单位、职工个人缴费及国家财政补贴等渠道筹集资金建立失业保险基金，对因失业而暂时中断生活来源的劳动者提供物质帮助以保障其基本生活，并通过专业训练、职业介绍等手段为其再就业创造条件的一种社会保险形式。

2. 失业保险的对象和范围

根据1999年实施的《失业保险条例》和2010年颁布的《社会保险法》，国有企业、城镇集体企业、外商投资企业、城镇私营企业及其他城镇企业和各类事业单位都在参加失业保险的范围之内。同时，省、自治区、直辖市人民政府可以根据当地实际情况，决定本省、自治区、直辖市范围内的社会团体及其专职人员、民办非企业单位及其职工、有雇工的城镇个体工商户及其雇工是否要参加失业保险。

3. 失业保险的领取条件

失业者要获得领取失业保险金的权利，必须满足一定的资格条件。《社会保险法》规定，失业人员在满足以下三个条件后方可享受失业保险待遇：非因本人意愿中断就业；已办理失业登记，并有求职要求；按照规定参加失业保险，所在单位和本人已按照规定履行缴费义务满1年。

4. 失业保险基金

目前，我国失业保险基金主要采用三方筹资方式，即用人单位和劳动者的缴费及财政补贴。具体来说，由城镇企业事业单位、城镇企业事业单位职工缴纳的失业保险费，失业保险基金的利息，财政补贴和依法纳入失业保险基金的其他资金构成。

5. 失业保险待遇和给付标准

（1）待遇支出。

第一，按月领取的失业保险金，即失业保险经办机构按照规定支付给符合条件的失业人员的基本生活费用。

第二，领取失业保险金期间的医疗补助金，即支付给失业人员领取失业保险金期间发生的医疗费用的补助。

第三，领取失业保险金期间死亡的失业人员的丧葬补助金和其供养的配偶、直系亲属的抚恤金。

第四，为失业人员在领取失业保险金期间开展职业培训、职业介绍的机构或领取失业保险金期间接受职业培训、职业介绍的失业人员的补贴。

（2）给付标准。

为了保证失业劳动者在失业状态下的基本生活，根据法律规定，失业保险金的给付标准，应当按照低于当地最低工资标准、高于城市居民最低生活保障标准的水平，由省、自治区、直辖市人民政府确定。

与此同时，为了防止失业人员出现依赖心理，待遇的给付具有一定的期限。《社会保险法》第四十六条规定，失业人员失业前用人单位和本人累计缴费满1年不足5年的，领取失业保险金的期限最长为12个月；累计缴费满5年不足10年的，领取失业保险金的期限最长为18个月；累计缴费10年以上的，领取失业保险金的期限最长为24个月。重新就业后，再次失业的，缴费时间重新计算，领取失业保险金的期限与前次失业应当领取而尚未领取的失业保险金的期限合并计算，最长不超过24个月。

案 例

张某大学毕业后受聘于甲公司，签订了3年的劳动合同，甲公司为其购买了失业保险，但工作至第10个月时，张某以工资太低为由，提出辞职。后张某到乙公司就职，并签订了2年的劳动合同，1个月试用期结束后，乙公司为其购买了失业保险，但张某在第4个月时因上班期间与人打架斗殴，被乙公司开除。张某到当地失业保险经办机构查询得知，甲公司为他参保缴费10个月，乙公司为他参保缴费3个月。

[想一想] 张某能否享受失业保险待遇？为什么？

（五）生育保险

生育不仅是人类的自然属性，更是关系到一个国家和民族人口再生产及国际竞争力的重要社会议题。因此，关注女性劳动者在生育期间的劳动保障，提供生育保险待遇，就成为各国政府重要的政策安排。我国在20世纪50年代初颁布了《中华人民共和国劳动保险条例》，初步建立了生育保险制度；1994年颁布了《企业职工生育保险试行办法》；2010年的《社会保险法》完善了生育保险制度，进一步保障公民生育时依法从国家和社会获得物质帮助的权利。

1. 生育保险的概念和特征

生育保险是国家通过立法强制实施的，在怀孕和分娩的妇女劳动者暂时中断劳动时，由国家和社会提供医疗服务、生育津贴和产假的一种社会保险形式。生育保险具有以下特征：

（1）生育保险是为女职工专门建立的一项保险制度。社会保险中的养老保险、医疗保险、工伤保险、失业保险等险种并不区分性别，只有生育保险是明确针对女职工设立的。

（2）生育保险为女职工生育子女的全过程提供保障。不但对女职工生育过程中所花费的检查费、接生费、手术费、住院费、药费等进行补偿，还包括女职工在规定的生育假期内因未从事劳动而不能获得工资收入的补偿。

（3）女职工个人无须缴纳生育保险费，由用人单位单方承担，无论单位是否有及有多少女职工，都必须参保缴费。

（4）无论女职工妊娠结果如何，均可以按照规定得到补偿。也就是说，无论胎儿存活与否，产妇均可享受有关待遇，包括流产、引产、胎儿和产妇发生意外等情况，女职工都能享受生育保险待遇。

2. 生育保险的对象

我国现行法律规定，生育保险适用于中华人民共和国境内的一切企业，包括国有企业、集体企业、外商投资企业、农村联户企业、私营企业和城镇街道企业。与此同时，生育保险也适用于中华人民共和国境内的一切国家机关和事业单位。

3. 生育保险的待遇

我国生育保险待遇的内容主要由产假、生育津贴、生育医疗服务、生育期间的特殊劳动保护、生育期间的职业保障等项目组成。

（1）产假。

根据 2012 年颁布的《女职工劳动保护特别规定》，女职工生育享受 98 天产假，其中产前可以休假 15 天；难产的，增加产假 15 天；生育多胞胎的，每多生育 1 个婴儿，增加产假 15 天。女职工怀孕未满 4 个月流产的，享受 15 天产假；怀孕满 4 个月流产的，享受 42 天产假。根据 2015 年修正的《中华人民共和国人口与计划生育法》（以下简称《人口与计划生育法》）第二十五条“符合法律、法规规定生育子女的夫妻，可以获得延长生育假的奖励或者其他福利待遇”的规定，以及紧随其后 2016 年 1 月 1 日全面二孩政策的实施，我国大多数省份（自治区、直辖市）都延长了女职工的产假，特别是 2021 年 5 月 31 日三孩政策实施，各地进一步对女职工的产假进行调整。2022 年，我国大多数省份（自治区、直辖市）如上海、天津、江苏、福建等均将产假延长至 158 天，部分省份（自治区、直辖市）如重庆、广东等延长产假至 178 天，有的甚至达到 188 天或 190 天。男性配偶也可以享受 10—30 天的陪产假或护理假。

（2）生育津贴。

女职工产假期间的生育津贴按照用人单位上年度职工月平均工资的标准由生育保险基金计发，计发办法为按照女职工本人生育当月的缴费基数除以 30 再乘以产假天数计算。尚未参加生育保险社会统筹的单位，女职工产假期间，由单位照发工资。同时，根据《人口与计划生育法》的规定，男性配偶也可以享受陪护假期间的陪护津贴，计发办法与女职工的产假津贴计发办法相同。

（3）生育医疗服务。

生育医疗服务项目包括检查费、接生费、手术费、住院费和与生育直接相关的医疗费。女职工生育的检查费、接生费、手术费、住院费和药费由生育保险基金支付。超出规定的医疗服务费和药费（含自费药品和营养药品的药费）由女职工个人负担。女职工生育出院后，因生育引起疾病的医疗费由生育保险基金支付，其他疾病的医疗费按医疗保险待遇规定处理。女职工产假期满后，因病需要休息治疗的，享受有关病假待遇和医疗保险待遇。

（4）生育期间的特殊劳动保护。

女职工生育期间的特殊劳动保护是指女职工孕期由于生理变化而在工作中可能遇到特殊困难，为保证女职工的基本收入和母子生命安全而制定的一项特殊政策，包括收入保护和健康保护两部分。收入保护的主要措施是国家通过立法保护女职工怀孕期间不降低其基本工资。健康保护的主要措施包括：不得安排怀孕女职工从事高强度劳动和孕期禁忌从事的劳动，也不得安排其在正常工作日以外延长劳动时间；对不能胜任原工作岗位的孕期女职工，应当减轻其劳动量或安排其他工作；对怀孕 7 个月以上的女职工，不得安排其延长工作时间和夜班劳动，并应在工作时间内安排一定的休息时间；允许怀孕女职工在劳动时间内进行产前检查，检查时间计作出勤时间。

（5）生育期间的职业保障。

在女职工生育期间职业保障方面，国家制定了一系列保障女职工不因怀孕、分娩、哺乳而失业的规定。任何单位不得在女职工孕期、产期、哺乳期内与其解除劳动合同。对于劳动合同期满而哺乳期未满的女职工，其与用人单位的劳动关系顺延至哺乳期满。

案 例

杨女士是江苏省某市一家公司的职员，目前工作稳定，已经工作了 5 年时间。考虑到工作、家庭等各方面情况已经趋于稳定，杨女士和丈夫计划在今年生育一个孩子。不久前，杨女士到医院检查，发现自己怀孕了，即将做妈妈的她，兴奋之余，多少有些手忙脚乱。一方面，因为怀孕，不管做什么事都变得格外紧张小心，生怕肚子里的宝宝出现什么问题；另一方面，由于公司按期为员工缴纳了社保，杨女士开始着手办理生育保险的相关手续，以保证自己生育期间能够享受到社保的福利待遇。杨女士虽然一直缴纳社保，但是对于生育保险的各项规定，她并不熟悉，虽然听别人提到过生育津贴和产假工资，但到底自己能享受哪些福利待遇，杨女士还是有些茫然。

［想一想］ 杨女士及其家庭能够享受哪些待遇呢？

第三节 劳动争议处理

名人名言

幸福存在于生活之中，而生活存在于劳动之中。

——托尔斯泰

劳动关系双方当事人利益的不完全一致性，决定了劳动争议与纠纷的不可避免性。采取有效的手段，合理地运用法律规范解决矛盾、化解纠纷，可以有效避免矛盾的激烈化和扩大化，营造和谐的劳动关系。

一、劳动争议

（一）劳动争议的概念及特征

劳动争议也称劳动纠纷，是指劳动关系当事人之间因执行劳动法律、法规和履行劳动合同而发生的纠纷，即劳动者与其所在单位之间因劳动关系中的权利义务关系而发生的纠纷。劳动争议具有以下特征：

第一，劳动争议是劳动关系当事人之间的争议。劳动关系当事人，一方为劳动者，另一方为用人单位。如果争议不是发生在劳动关系当事人之间，即使争议内容涉及劳动问题，也不构成劳动争议。

第二，劳动争议的内容涉及劳动权利和劳动义务，劳动争议是为实现劳动关系而发生的争议。劳动关系是劳动权利义务关系，劳动者与用人单位之间的争议如果不是为了实现劳动权利和劳动义务而发生的，就不属于劳动争议的范畴。

（二）劳动争议的内容

根据争议涉及的权利义务的具体内容，可将劳动争议分为以下几类：① 因确认劳动关系发生的争议；② 因订立、履行、变更、解除和终止劳动合同发生的争议；③ 因除名、辞退和辞职、离职发生的争议；④ 因工作时间、休息休假、社会保险、福利、培训及劳动保护发生的争议；⑤ 因劳动报酬、工伤医疗费、经济补偿或者赔偿金等发生的争议；⑥ 法律、法规规定的其他劳动争议。

案 例

某厂派人到百货公司购买劳动防护用品，并订立一份购买合同。百货公司交货后，厂方发现工作服不符合国家有关质量标准，遂与百货公司交涉。百货公司认为订立合同之前，厂方已经看过，并无异议，现在就算有问题，也应该找生产厂商。双方发生争议。

［想一想］ 这个争议属于劳动争议吗？为什么？

二、劳动争议处理机制

（一）劳动争议的处理原则

2007 年颁布的《中华人民共和国劳动争议调解仲裁法》（以下简称《劳动争议调解仲裁法》）规定，我国劳动争议的处理遵循以下原则：

第一，在查清的基础上，依法处理劳动争议原则。

第二，当事人在法律上一律平等原则。

第三，着重调解劳动争议原则。调解是处理争议的基本手段，当事人双方自愿，不能有丝毫勉强，否则调解协议书不具有法律约束力。

第四，及时处理劳动争议原则。

（二）劳动争议的处理方式

根据劳动法律的规定，我国目前处理劳动争议有调解、仲裁、诉讼三种主要方式。

1. 调解

调解是处理劳动争议最基本的途径和方式。劳动者与用人单位发生劳动争议，当事人不愿协商、协商不成或者达成和解协议后不履行的，可以向调解组织申请调解。调解组织包括企业劳动争议调解委员会，依法设立的基层人民调解组织，以及在乡镇、街道设立的具有劳动争议调解职能的组织。企业劳动争议调解委员会由职工代表和企业代表组成。职工代表由工会成员担任或者由全体职工推举产生，企业代表由企业负责人指定。企业劳动争议调解委员会在接受争议双方当事人的调解申请后，首先要查清事实、明确责任，在此基础上根据有关法律和集体合同或劳动合同的规定，通过说服、诱导，最终促使双方当事人在相互让步的前提下自愿达成解决劳动争议的协议。

需要注意的是，调解协议的达成必须建立在双方当事人自愿的基础上，而不能有任何的勉强或胁迫，否则调解无效，即使达成调解协议也可以不履行。当然，调解由于是在企业内部进行的，所以不具有法律强制执行力，即调解协议的履行完全取决于双方当事人的自愿。

2. 仲裁

仲裁也称公断，是指劳动争议仲裁委员会依法对争议双方当事人的争议案件进行居中公断的执法行为。

《劳动争议调解仲裁法》规定，劳动争议仲裁委员会按照统筹规划、合理布局和适应实际需要的原则设立。省、自治区人民政府可以决定在市、县设立；直辖市人民政府可以决定在区、县设立。直辖市、设区的市也可以设立一个或者若干个劳动争议仲裁委员会。劳动争议仲裁委员会由劳动行政部门代表、工会代表和企业方面代表组成。劳动争议仲裁委员会组成人员应当是单数。

劳动争议仲裁一般要经历案件受理、调查取证、调解、裁决和执行五个阶段。仲裁庭在做出裁决前，会先行调解。调解达成协议的，仲裁庭制作调解书。调解书经双方当事人签收后，发生法律效力，双方当事人应当自觉执行。调解不成或者调解书送达前，一方当事人反悔的，仲裁庭做出裁决。仲裁裁决为终局裁决，裁决书自做出之日起发生法律效力。

3. 诉讼

劳动争议诉讼是人民法院按照民事诉讼法规的程序，以劳动法规为依据，按照劳动争议案件进行审理的活动。按照我国法律规定的“劳动仲裁前置”原则，劳动争议当事人对仲裁裁决不服的，可以自收到仲裁裁决书之日起 15 日内向人民法院提起诉讼。一方当事人在法定期限内不起诉又不履行仲裁裁决的，另一方当事人可以申请人民法院强制执行。劳动争议诉讼是解决劳动争议的最终程序。

此外，劳动者与用人单位之间发生的纠纷，并不都属于劳动争议，人民法院仅受理劳动者与用人单位之间发生的下列纠纷：

（1）劳动者与用人单位在履行劳动合同过程中发生的纠纷。

（2）劳动者与用人单位之间没有订立书面劳动合同，但已形成劳动关系后发生的纠纷。

（3）劳动者与用人单位因劳动关系是否已经解除或者终止，以及应否支付解除或者终止劳动关系经济补偿金发生的纠纷。

（4）劳动者与用人单位解除或者终止劳动关系后，请求用人单位返还其收取的劳动合同定金、保证金、抵押金、抵押物发生的纠纷，或者办理劳动者的人事档案、社会保险关系等移转手续发生的纠纷。

（5）劳动者以用人单位未为其办理社会保险手续，且社会保险经办机构不能补办导致其无法享受社会保险待遇为由，要求用人单位赔偿损失发生的纠纷。

（6）劳动者退休后，与尚未参加社会保险统筹的原用人单位因追索养老金、医疗费、工伤保险待遇和其他社会保险待遇而发生的纠纷。

（7）劳动者因为工伤、职业病，请求用人单位依法给予工伤保险待遇发生的纠纷。

（8）劳动者依据《劳动合同法》第八十五条规定，要求用人单位支付加付赔偿金发生的纠纷。

（9）因企业自主进行改制发生的纠纷。

案例

李某于2015年7月大学毕业后入职某外资公司，双方订立无固定期限劳动合同，约定李某的岗位为媒体公关，月薪7 000元。2020年6月，公司告知李某，为精简组织结构，决定撤销李某所在的媒体公关岗位，另设媒体沟通岗位和媒体关系拓展岗位，但这两个岗位均已有合适人选，现特别为李某设立公司媒体形象顾问岗位，月薪降为5 000元，希望能与其签署变更劳动合同协议书。李某不同意公司的要求，公司即以“订立劳动合同时的客观情况发生重大变化，双方未能就变更劳动合同内容达成一致”为由，向李某发出《解除劳动合同通知书》，并向李某支付了经济补偿及代通知金。李某认为公司的解除行为违法，故提请仲裁，要求公司撤销《解除劳动合同通知书》并继续履行劳动合同。劳动争议仲裁委员会经审理后认为，公司根据生产经营需要，调整李某的工作岗位，系为应对市场变化主动采取的经营策略调整，不属于“订立劳动合同时的客观情况发生重大变化”的情形，公司虽然支付了李某经济补偿及代通知金，但并不代表其解除行为合法，故于2020年8月3日做出裁决，对李某的仲裁请求予以支持。公司对仲裁结果不服，于2020年9月24日向人民法院提起诉讼，但遭到拒绝。

[想一想] 法院为什么不予受理该外资公司的申请？

第四节　劳动安全卫生

名人名言

一个真正的人，应该为人民用尽自己的才智、专长和精力，再离开人间。不然，他总会感受到遗憾，浪费了有限的生命。

——曹　禺

加强劳动安全与卫生保护，保障劳动者在生产中的安全和健康，是我国的一项基本国策，是社会主义企业管理的一项重要内容，也是发展社会主义国民经济的重要条件。

一、劳动安全卫生概述

（一）劳动安全卫生的概念

劳动安全卫生又称劳动保护、职业安全卫生等，是指对劳动者在劳动过程中的生命安全和身体健康进行保护，具体表现为在法律、技术、设备、组织制度、教育等方面所采取的相应措施。其主体是劳动者、劳动行政管理部门和用人单位，客体是劳动者的安全和健康，内容主要为用人单位对劳动过程中的危险、有害因素转化为伤害和疾病的情形加以控制。劳动安全卫生包括劳动安全和劳动卫生两个部分。

1. 劳动安全

劳动安全是指用人单位应保证劳动场所无危及劳动者生命安全的伤害事故发生。若劳动安全不能得到保证，一旦发生工伤事故，则劳动者的劳动能力将立刻受到影响。常见的劳动安全事故有建筑工人高空坠落、机械伤害、烫伤灼伤等。

2. 劳动卫生

劳动卫生是指用人单位应保证劳动场所无危及劳动者身体健康的慢性职业危害发生。若劳动卫生不能得到保障，则劳动者在劳动过程中所面临的危险因素（如粉尘、放射性物质和有毒化学物质、噪声、病毒、强光、长期强迫体位操作等）在其身体内经历长时间的积累后，会逐渐表现为尘肺、职业中毒、职业性皮肤病等职业病。

劳动安全与劳动卫生均存在于劳动生产活动中，它们相互联系又彼此独立，共同组成劳动者劳动保护的屏障。

（二）劳动安全卫生的重要性

劳动者在劳动过程、生产程序、劳动环境三方面时刻面临着不安全和不卫生的风险因素。

1. 劳动者在劳动过程中面临的风险

劳动者的身体机能可能会因劳动过程中的劳动时间过长、劳动强度过大、劳动姿势重复维持等而受到一定程度的损伤。例如，互联网行业盛行的“996”工作制、建筑工地上的高强度负重、汽车生产线上的员工长时间保持某一姿势进行作业等。

案　例

2022年3月，36岁的IT男张某，被发现猝死在酒店的马桶上，凌晨1点，他还发了最后一封工作邮件。据其妻子说，张某经常加班到凌晨，有时甚至到早上五六点，第二天上午又接着照常上班。去世前一天，他跟妈妈说“太累了”。妻子认为，张某猝死与长时间连续加班有关，“他为了这个项目把自己活活累死了”。

[想一想]　造成上述事故的原因是什么？

2. 劳动者在经历生产程序时面临的风险

处于不同行业的劳动者在经历特定的生产程序时，会面临具有行业特点的风险因素。例如，危险品生产经营行业会面临爆炸、火灾所导致的人员伤亡等不安全因素和吸入爆炸释放出来的有毒有害气体等不卫生因素，煤矿行业会面临透水、坍塌、爆炸所导致的矿井人员伤亡事故及长期吸入粉尘所引发的尘肺等职业病，生化行业常常面临压力容器爆炸等不安全因素和病毒、细菌等典型的生物不卫生因素。

案 例

2010 年，贵州省施秉县恒盛有限公司发生重大矽肺病事故，公司为节省回收粉尘的经济成本，将购置的 5 套粉尘回收设备闲置，从未对员工进行污染环境作业的危害告知和职业卫生教育，防护工作仅限于每人每天发放两个纱布口罩。

[想一想] 该公司应承担怎样的法律责任？

3. 劳动者在劳动环境中面临的风险

部分企业容易忽视安全、卫生劳动环境的创造。除了不可控的自然环境因素（如高温、严寒等）外，人为创造的劳动环境总是“漏洞百出”，安全与卫生事故的直接原因常常是劳动场所建筑存在安全隐患，缺乏必要的通风、照明、排水等安全卫生设施，消防、防尘、防毒设施不完善甚至关键设备无法使用，等等。

由此可见，诸多方面都容易存在较大的安全与卫生隐患，当期任何一处的不规范都有可能在远期爆发为一场严重的劳动安全事故，而一场劳动安全事故必定会使劳动者的生命健康权益遭受威胁，甚至会对公共安全造成严重危害，带来巨大的经济损失。

二、用人单位在劳动安全卫生方面的义务

（一）建立、健全各项劳动安全卫生制度

《劳动法》第五十二条明确规定：“用人单位必须建立、健全劳动安全卫生制度，严格执行国家劳动安全卫生规程和标准。”严格的劳动安全卫生管理制度是一个企业具有强烈的安全生产观念和意识的重要体现，明确、完善、合法合规的制度前提使劳动安全卫生管理在生产实践中的具体应用成为可能。一套完整的企业劳动安全卫生管理体系应包括安全生产责任制度、劳动保护措施计划制度、劳动保护教育制度、劳动保护检查制度、伤亡事故和职业病报告处理制度、工伤保险制度等。

（二）对劳动者进行劳动安全卫生教育

劳动者作为岗位劳动过程的主体，自身具备所从事岗位必备的劳动安全卫生素质，是防止遭受劳动安全卫生事故的关键。然而，在现实中，农民工或临时工这类劳动者往往因文化水平不高而具有缺乏与作业相关的职业病知识和信息、健康防护意识不强的特点，再加上缺乏健康教育培训的外界条件，极易成为遭受职业损害的弱势群体。除此之外，大量劳动安全事故都因为危险发生后人员的盲目施救出现伤亡人数扩大的情形。因

此，用人单位必须重视向劳动者提供基本的劳动安全卫生知识普及教育和急救培训，督促劳动者熟悉和掌握企业的劳动安全生产规章制度，并且对其岗位任职资格及安全操作技能进行定期考核。《中华人民共和国安全生产法》（以下简称《安全生产法》）第二十八条规定："未经安全生产教育和培训合格的从业人员，不得上岗作业。"

案　例

李某原是某电力局查线工，2016 年 4 月办理停薪留职手续后开始经商，2020 年 3 月 17 日再度回局里上班。2020 年 3 月 29 日，该局所属一段线路出现故障，需要检修，检修班长直接派李某去检修。李某说自己快有四年没干过这活了，怕干不了，可检修班长以人手紧张为由，坚持派李某前去检修。李某带着工具爬上电线杆操作，不到 5 分钟就大叫一声从电线杆上摔了下来，经医院抢救无效死亡。

[想一想]　造成上述事故的原因是什么？

（三）提供劳动安全卫生设施和劳动防护用品

劳动安全卫生设施是指防止伤亡事故和职业病发生，消除职业危害因素的设备、装置、防护用具等设防技术措施的总称，既包括设置的安全装置（如保险装置、防护装置、信号装置、危险牌示和识别标志等），进行的预防性机械强度试验、电器绝缘检验、机器设备维修保养等，也包括防止或减少职业危害的各种设施（如通风、照明、防尘、防毒、防噪声、防辐射等设施）。劳动防护用品是指劳动者在生产活动中，为保证安全健康，防止事故伤害或职业性毒害而佩戴使用的各种用具的总称。常用的劳动防护用品主要包括安全帽、安全带、安全绳、安全网、防护手套、防护服、安全鞋等。

《劳动法》第五十三条规定："劳动安全卫生设施必须符合国家规定的标准。新建、改建、扩建工程的劳动安全卫生设施必须与主体工程同时设计、同时施工、同时投入生产和使用。"同时，用人单位有义务提供必要的劳动防护用品，对从事有职业危害作业的劳动者应当定期进行健康检查。然而，众多劳动安全卫生事故的发生都极大程度地存在着"用人单位未提供完备的劳动安全卫生设施及符合国家规定的劳动防护用品"的间接原因。

案　例

冬天到了，室外冰天雪地，东北某采石场职工仍然要到野外作业，觉得像是做苦工似的，便要求单位提供防寒服。但是，场长说，今年采石场没有盈利，场领导决定把防寒用品取消，大家将就一年，明年效益好了再补发。

[想一想]　该采石场的行为是否合法？

（四）提供符合法律规定的劳动安全卫生条件

劳动安全卫生条件包括安全卫生的劳动场所、生产设备、电气设备及特殊作业的特殊劳动条件，具体体现为以下几个方面。

（1）噪声、有毒有害气体和粉尘浓度不得超过国家规定的标准；物品的堆放不得妨碍通行；建筑施工、易燃易爆、有毒有害等危险作业场所应当设置相应的防护设施、报警装置、通信装置、安全标志，以及在紧急情况下进行抢救和安全疏散的设施。

（2）机械设备传动件及易造成人身伤害的外传动部件须安装保护职工人身不受伤害的安全防护装置；生产设备须经过安全检验和安全认证，符合技术标准方可使用；电气设备的安装、运行、维修等都必须严格遵守操作规程；电气设备的金属外壳，必须根据技术条件，采取保护性接地或者接零的措施；在产生大量的蒸汽、气体、粉尘的作业场所，应当使用密闭式电气设备；有爆炸危险的气体或粉尘的作业场所，必须使用防爆型电气设备。

（3）特殊的作业场所，如密闭设备内和狭小空间作业的，应当先进行检测，确认有害气体低于国家标准的，在采取措施后方可进行作业；要保证良好通风，不能采取通风换气措施的，必须给工作人员配备空气呼吸器或氧气呼吸器。

案　例

2019 年 12 月 31 日，江苏省徐州天安化工有限公司承包商重庆华为液化空气设备制造有限公司人员在脱硫塔内维修作业时，发生 5 名施工人员中毒事故，其中 3 人经抢救无效死亡，直接经济损失约 402 万元。事故直接原因是：在进行脱硫塔检修作业时，未按规定制订合理可靠的工艺处置和隔离方案，盲目排放脱硫液造成液封失效，憋压在循环槽上部空间的煤气冲破液封进入塔内，造成塔内作业人员中毒。现场组织救援过程中，呼吸机损坏，无法使用，安全绳多次施救无果，从而导致中毒人员错过最佳施救时间。

［想一想］　该事故发生的原因是什么？

用人单位应提供符合法律规定的劳动安全卫生条件，营造良好的劳动环境，使劳动者免受职业伤害，生命健康得到保障。知晓本单位工作的危害性，并有意识地给予安全保障服务，定期组织员工体检，应成为我国所有用人单位尊重劳动者生命权和健康权，行使人道关怀的自觉表现。

（五）对从事特种作业的劳动者进行职业培训和从业资格认定

从事特种作业的劳动者必须经过专门培训并取得特种作业资格证，只有经过考核持证上岗，才能确保劳动者能够按照专业程序、方法、态度进行作业，避免因非专业性引发劳动安全卫生事故。2010 年施行的《特种作业人员安全技术培训考核管理规定》第三条强调，特种作业是指容易发生事故，对操作者本人、他人的安全健康及设备、设施的安全可能造成重大危害的作业。特种作业高危害性的特点决定了其作业人员专业素质和资格必须经过严格认定。

总之，用人单位作为劳动安全卫生的责任主体，要切实履行法律法规规定的义务，认真贯彻落实《安全生产法》的有关规定，完善劳动安全管理制度，严格制定作业章程和工作方案，培养员工的安全生产观念和防护自救技能，配备充足合规的劳动防护应急用品。要认识到，劳动安全工作不到位的弊端，总会随着一定时间内风险因素的积累，在某一瞬间彻底显现，不但会给自身带来损失，还极有可能演变成殃及他人的大规模灾害性事件，造成难以估量的巨大损失。认真做好常态化的安全生产管理，敏锐发现并及时消除安全隐患，应该成为上至企业管理者，下至员工个体时刻绷紧的“一根弦”。

三、劳动者在劳动安全卫生方面的权利

同用人单位在劳动安全卫生方面的义务相对立统一，劳动者作为劳动安全卫生的权利主体，依法享有以下权利：① 获得安全卫生的环境和条件的权利；② 取得劳动保护用品的权利；③ 接受安全卫生教育和培训的权利；④ 定期进行健康检查的权利。

除此之外，这里对劳动者的拒绝权、批评检举控告权进行特别强调。《劳动法》规定，一方面，劳动者在劳动过程中有严格遵守安全操作规程的义务；另一方面，劳动者对用人单位管理人员的违章指挥、强令冒险作业，有权拒绝执行，对危害生命安全和身体健康的行为，有权提出批评、检举和控告。《劳动合同法》中更是对劳动者的相关权益进行了强化，鼓励广大劳动者在单位提出的高风险作业要求面前勇敢说“不”。

四、女职工和未成年工享受的特殊保护

（一）女职工享受的特殊保护

相较于男性而言，女性由于身体机能的脆弱性，在面对安全和卫生风险时常常处于弱势地位，生命权更容易受到侵害。同时，妇女在进行社会生产的同时，还承担着人类自身生产的重任，多重角色使该群体在家庭和职场中都承受着巨大压力，所以必须重视对妇女提供特殊劳动保护，给予其特殊关怀和照顾，确保其生命安全和身体健康，维护社会的和谐与稳定。

根据《劳动法》《女职工劳动保护特别规定》等相关法律法规的规定，女性劳动者享受的有关劳动安全卫生的特殊保护主要包括工种保护和四期保护两个方面。2012 年颁布的《女职工劳动保护特别规定》，对此做了详细规定。

1. 工种保护

第一，女职工禁忌从事的劳动范围：① 矿山井下作业；② 体力劳动强度分级标准中规定的第四级体力劳动强度的作业；③ 每小时负重 6 次以上、每次负重超过 20 千克的作业，或者间断负重、每次负重超过 25 千克的作业。

第二，女职工在经期禁忌从事的劳动范围：① 冷水作业分级标准中规定的第二级、第三级、第四级冷水作业；② 低温作业分级标准中规定的第二级、第三级、第四级低温作业；③ 体力劳动强度分级标准中规定的第三级、第四级体力劳动强度的作业；④ 高处作业分级标准中规定的第三级、第四级高处作业。

第三，女职工在孕期禁忌从事的劳动范围：① 作业场所空气中铅及其化合物、汞及其化合物、苯、镉、铍、砷、氰化物、氮氧化物、一氧化碳、二硫化碳、氯、己内酰胺、氯丁二烯、氯乙烯、环氧乙烷、苯胺、甲醛等有毒物质浓度超过国家职业卫生标准的作业；② 从事抗癌药物、己烯雌酚生产，接触麻醉剂气体等的作业；③ 非密封源放射性物质的操作，核事故与放射事故的应急处置；④ 高处作业分级标准中规定的高处作业；⑤ 冷水作业分级标准中规定的冷水作业；⑥ 低温作业分级标准中规定的低温作业；⑦ 高温作业分级标准中规定的第三级、第四级的作业；⑧ 噪声作业分级标准中规定的第三级、第四级的作业；⑨ 体力劳动强度分级标准中规定的第三级、第四级体力劳动强度的作业；⑩ 在密闭空间、高压室作业或者潜水作业，伴有强烈振动的作业，或者需要频繁弯腰、攀高、下蹲的作业。

第四，女职工在哺乳期禁忌从事的劳动范围：① 孕期禁忌从事的劳动范围的第一项、第三项、第九项；② 作业场所空气中锰、氟、溴、甲醇、有机磷化合物、有机氯化合物等有毒物质浓度超过国家职业卫生标准的作业。

2. 四期保护

（1）用人单位不得因女职工怀孕、生育、哺乳降低其工资、予以辞退、与其解除劳动或者聘用合同。

（2）女职工在孕期不能适应原劳动的，用人单位应当根据医疗机构的证明，予以减轻劳动量或者安排其他能够适应的劳动。对怀孕 7 个月以上的女职工，用人单位不得延长劳动时间或者安排夜班劳动，并应当在劳动时间内安排一定的休息时间。

（3）女职工生育享受 98 天产假，其中产前可以休假 15 天；难产的，增加产假 15 天；生育多胞胎的，每多生育 1 个婴儿，增加产假 15 天。女职工怀孕未满 4 个月流产的，享受 15 天产假；怀孕满 4 个月流产的，享受 42 天产假。

总体来说，由于男女身体素质上的差异，对女性劳动安全的保护需要时刻考虑到女性性别上的先天弱势，在一般劳动过程中提供更多关照，在特殊时期提供特别保护和优待。当代女性劳动者对自身劳动权益的维护意识逐渐提高的趋势是一个很好的现象，这将促使用人单位对女性劳动者的生命健康给予更多关怀与尊重，推动劳动领域性别平等更进一步，从而有利于女性劳动地位的提升。

案　例

柳叶，女，1998 年出生，于 2019 年 2 月 1 日入职某玩具公司，从事流水线工作，双方口头约定每月工资为人民币 3 200 元，试用期 1 个月。2019 年 12 月 12 日，柳叶因无法胜任经常性的夜间上班而提出离职，经公司同意，2020 年 1 月 12 日双方办理了工资结算手续，并于同日解除了劳动关系。同月 20 日，柳叶以双方未签订书面劳动合同为由，向当地劳动争议仲裁委员会申请仲裁，要求公司再支付工资 32 000 元。经查，柳叶于 2019 年 3 月 1 日怀孕。

[想一想]　法律对女职工怀孕有何保护？公司没有与柳叶签订书面劳动合同，柳叶应如何维权？

（二）未成年工享受的特殊保护

年满 16 周岁未满 18 周岁的未成年工虽然是适龄的劳动者，是受法律保护的具备劳动行为能力的劳动者，但因身心发育尚未完全成熟，在从事劳动时面临极大的安全卫生隐患——过重或过度紧张的劳动、高温等不良的工作环境、不合适的劳动工具等因素都可能影响未成年工的健康，甚至引起疾病。国家高度重视对未成年工的特别劳动安全保护。

《劳动法》规定，不得安排未成年工从事矿山井下、有毒有害、国家规定的第四级体力劳动强度的劳动和其他禁忌从事的劳动。用人单位应当对未成年工定期进行健康检查。安排工作岗位之前及每工作满 1 年时都需要进行健康检查。根据《未成年工特殊保护规定》第九条的规定，用人单位招收使用未成年工，除符合一般用工要求外，还须向所在地的县级以上劳动行政部门办理登记，未成年工须持《未成年工登记证》上岗。但在现实生活中，未成年工劳动权益受到侵犯的现象并不少见：一方面，健康检查得不到保证，大多数企业对未成年工进行健康检查的间隔时间过长，还有的企业特别是中小城市和偏远地区的企业，未有效实行未成年工定期健康检查制度；另一方面，安排未成年工从事矿山井下作业之事时有发生，在私人小煤矿尤为突出。

案　例

2018 年 5 月，陈某初中毕业，已满 16 岁，决定外出打工。陈某欲在某矿山当矿工，却被告知年龄不够，不能从事该工作，陈某只好回家休息一年。2019 年 5 月，陈某再次来到该矿山，正好矿山缺少井下工人，负责人便将陈某收下，直到

2021 年 1 月陈某才离开矿山。在此期间，陈某表现突出，丝毫看不出是未成年人，因此该矿山也就没有履行其他手续。

[想一想] 上述案例中是否存在不合法之处？

拓展阅读

“平靓正”医生谱写诚信示范

在广州市越秀区，有一位老百姓交口称誉的“平靓正”医生。他不仅妙手回春，更常为病人带来情感慰藉，他就是广州市越秀区儿童医院的医生胡雁聪。谈及胡雁聪医生，凡是接触过他的病人及家属都喜欢用“平靓正”来形容他。“平靓正”在粤语中是形容商品或服务物超所值，用在胡医生身上，再贴切不过了。“平”指胡医生所开处方价格低廉，药费、治疗费负担小；“靓”和“正”形容胡医生医术出众。不要小看这三个字，它们包含的是病人对医生的高度评价：不仅药费低，更重要的是态度好、技术好。胡雁聪行医二十余载，一直坚持“小孩能不吃药尽量不吃”的原则，耐心听取家长、患者对症状和病情的叙述，问诊仔细，看病认真。前来就医的患者称，胡雁聪开的药，单价都是几元钱，一张处方总共不超过数十元，甚至比挂号费和车费都少，也极少打针。为什么这么多年来，一直坚持使用廉价而对症的药物达到医病救人的目的呢？胡雁聪说：“开药用药坚持廉价实用，并不是一味追求价格低廉，而是要在客观科学判断患儿具体病情的基础上找到‘最优解’。我相信，为广大患者排忧解难、除疾祛病，永远将患者需求放在第一位，是所有医生的本能和职责。”

没有豪言壮语，也不追名逐利，有的只是对医术的不懈追求，对职业素养的无愧坚守，这样的医生，值得敬重。

机器人代替人工，很多人下岗失业，怎么办？

随着人工智能在越来越多的领域超越人类，人类会面临更多的挑战，人工智能革命会彻底改变经济，尤其是就业市场。比如，在无人驾驶领域，10 年前，“机器开车比人开得好”听起来还像科幻小说，但今天大部分行业专家都认为这只是个时间问题，也许在未来 10 年、20 年、30 年，计算机和无人驾驶会取代上千万出租车司机、公交车司机和卡车司机，让这些人失业。同样的事情也发生在金融领域，人类在做价值数千万美元、人民币、欧元的金融交易时，经常会因为累了、精力不集中或者情绪低落犯很严重的错误，但人工智能不会犯这样的错误，因为它们永远不会饿、疲倦、生气或者情绪低落，它们只会根据看到的数据做出决策，而不是根据瞬时的情绪。现在有很多人忧虑信息网络科技发达的时代，人工智能和机器人会取代人力，很多人会失去工作，那时，我们该怎么办？

实践活动

《劳动法》知识竞赛主题活动

劳动法律是用来规范用人单位和劳动者在劳动过程中的劳动权利与劳动义务的法律规范，是实现劳动保护、维护劳动者合法权益、推动构建中国特色和谐劳动关系的重要制度安排。

为了促进劳动法律知识的宣传和普及，增进大学生的法律认知，提高大学生的法律意识，鼓励大学生今后在工作中合理运用法律武器维护自身的合法权益，请以班级或专业为单位组织一次《劳动法》知识竞赛主题活动，以帮助大学生更好地知法、懂法、守法、用法。

【过程记录】

活动计划
活动关键点
活动难点及解决方案
心得体会

【结果评价】

《劳动法》知识竞赛主题活动评价表

评价标准	分值	得分小计	教师评价
知识竞赛的前期策划	20		
题目涉及内容的广度	20		
比赛规则的公平合理性	20		
学生的参与程度	20		
活动的效果和氛围	20		

实践篇

第四章

日常生活劳动实践

第一节　寝室劳动

名人名言

当你服务他人的时候，人生不再是毫无意义的。

——哈沃德·加德纳

寝室是在校学生日常生活、学习、交流的重要场所，从某种意义上讲，学生寝室是反映学生精神面貌和校风校貌的重要窗口。对于来自五湖四海、性格迥异、爱好不同的大学生而言，打造干净整洁的寝室环境，营造文明温馨的特色氛围，创造和谐友善的人际关系，塑造独特清新的文化格调，对自身的成长助益颇多。

以寝室为单位，自主设定主题、设计方案和实施过程，由寝室成员共同参与，改变寝室的面貌、提升寝室的文化格调、彰显寝室的独特文化，其本身就是一个很好的劳动实践过程。

一、文明寝室的基本要求

寝室文明环境建设直接体现大学生的精神面貌和个人素质，直接关系到大学生的身心健康。大学生应将维护整洁文明的寝室环境内化为自觉追求，外化为自觉行动，争取达到以下基本要求。

（一）寝室的环境总体应达到“干净”“整齐”“美观”的目标

干净，主要指地面干净，墙面干净，门窗干净，玻璃干净，桌椅干净，以及其他物品整洁干净。

整齐，主要指桌椅摆放整齐，被褥折叠整齐，毛巾挂放整齐，书籍叠放整齐，鞋子摆放整齐，以及其他用具置放整齐。

美观，主要指寝室内空间安排合理，装饰物摆放和谐，有良好的视觉效果，无杂物，无烟蒂，无乱挂现象，无蛛网，无酒瓶，无异味，等等。

（二）寝室成员应坚持每天自觉做好自我管理

自觉养成良好习惯，维护寝室良好生活环境。比如，叠一叠被子，扫一扫地面，擦一擦台面，整一整柜子，理一理书架，倒一倒垃圾。

尽量不让异性进出寝室，外人来访不留宿，危险物品不滞留，违规电器不使用，公共设施不损坏，果皮、纸屑不乱扔，等等。

（三）在寝室应杜绝不文明行为

不养宠物，不在寝室楼内抽烟，不在门口丢放垃圾，不乱用公用洗衣机，等等。

二、特色寝室的建设标准

特色寝室宣扬的是一种文化，是一种相互影响、彼此照应、和谐共进的良好氛围，对大学生的文化修养、综合素质等各方面的提高有着很大的促进作用。

要建设特色寝室，先要考虑寝室大部分人的个性、喜好、价值观等，然后再以此为方向营造别具一格的“特色”文化。如果寝室大多数人喜欢学习，便可以考虑建设学习型寝室；如果寝室大多数人喜欢运动，便可以考虑建设运动型寝室；如果寝室大多数人对环保有一定兴趣，便可以考虑建设环保型寝室。其他与此类似的还有创业型寝室、自强型寝室、友爱型寝室、逐梦型寝室、音乐型寝室等。

在建设特色寝室时，可参考以下标准：

（1）寝室全体成员共同参与特色寝室建设，共同商议并确定特色建设方向。

（2）按照主题特色布置寝室，呈现出的效果要符合既定特色，传递寝室文化，简单、大方、美观、别具匠心、新颖独特，能让人眼前一亮。

（3）有与寝室文化对应的“行为习惯养成计划”“寝室团建活动安排”等规章制度，全体成员相互监督、共同执行。

三、美化寝室的设计与创意

（一）美化原则

1. 装饰简单、大方

寝室面积通常不大，没有必要摆放过多装饰品，否则会显得杂乱。

2. 风格温馨、舒适

寝室是放松休息的地方，在美化时，要考虑烘托一种温馨、舒适的氛围，让寝室充满家的温暖气息。

3. 营造学习氛围

寝室除了是放松休息的地方，也是学习的场所，在美化时，要从色彩、风格上考虑这个因素，营造一个安静、适宜学习的空间。

（二）创意要点

1. 突显寝室文化

每个寝室都要彰显不同的文化，在美化时，要充分考虑自己的特色，做出别出心裁的美化设计。

2. 节约用材，变废为宝

低碳、绿色不仅是当下流行的概念，更应是我们践行的生活方式。在美化寝室时，可以充分利用易拉罐、雪糕棍、牛奶盒、饮料瓶等被忽略的生活废物和旧物，做成各种实用的生活用品，不仅创意十足，更能向周围的寝室传达一种绿色的生活态度。

3. 彰显成员个性

寝室由多个小空间组成，每个小空间都是使用者的“家”。在美化寝室时，每个人都应在兼顾整体风格统一的基础上，充分考虑自己的使用需求和审美偏好，打造属于自己的“私密空间”，彰显自己的个性。

四、和谐寝室的人际交往

寝室成员来自五湖四海，既然有缘身处一室，就要相处亲如一家。和谐相处应遵循以下原则。

（一）应对自己有正确的认识

具体来说：

（1）应该端正交往的动机，提高自己的心理相容度。

（2）应该完善自己的个性，有意识地去克服自我中心感过强、过于敏感、狂妄自傲、怪僻孤独等不良个性。

（3）应该严于律己，宽以待人，只有这样才能赢得别人的赞赏和信任，收获友谊。

（二）应注意培养自己的良好品格

具体来说：

（1）尊重他人，不自恃清高。互相尊重，谦虚待人，乐于同大家打成一片。

（2）热心助人，不见利忘义。当同学有困难时，应伸出热情的手给予帮助。

（3）诚实守信，不贪图虚名。诚实是做人的基本要求，也是建立良好人际关系的重要条件；守信就是恪守信用，言行一致。

（4）主动随和，不孤陋寡闻。谦虚随和，给人一种易于接近的感觉，大家会乐意同其交往，彼此之间也能相处愉快融洽。

（5）律己宽人，不心胸狭窄，以社会主义的道德规范和大学生行为准则来约束自己。

（三）树立正确的“三观”

建立和谐的人际关系最根本的是要有正确的世界观、人生观、价值观，有良好的品质，也要懂一些礼仪知识。同时，应具备一定的自我调节能力。“金无足赤，人无完人”，只要我们始终以平等、诚实、宽厚的态度待人，胸怀坦荡，就比较容易建立和谐的人际关系。

拓展阅读

文明优美的11001宿舍

11001是某高校的一个男生宿舍，一个和谐而充满激情、活力、温馨气氛的宿舍。宿舍有六位成员，来自不同的地方，但彼此没有隔阂，亲如兄弟。

宿舍的六位成员于2011年11月1日聚到了一起，于是他们将11月1日这一天定为宿舍诞生日，每年的这一天，所有成员都必须放下私人事务参加宿舍聚会，违者定当“严惩”。宿舍成员来自全国各地，虽然从不同的地方而来，却为了同一个目的，因此宿舍成员无比默契，自宿舍成立以来，始终秉承“规章严格，功夫到家”的舍训，六位成员共同努力。

家是冬日的阳光，在失望时带来温暖；家是坚固的小船，在困难时驶向彼岸；家是拂面的春风，在懦弱时带来希望。正如名字一样，六个人组成了温暖的家庭。从彼此陌生到彼此相知，再到彼此相互依赖，墙上不同的画反映了他们不同的性格和爱好，来自五湖四海的他们为了一个共同的目标齐聚此地，正如百鸟归巢一般静静地栖息在家中，在这里他们感受到了家的温馨，家的温暖，家的甜蜜。家里的小树是舍友用心制作成的，小树的茁壮成长就是他们友谊地久天长的象征，俭朴的生活是他们的渴望，也是他们的追求，他们希望在大家的共同努力下宿舍生活越来越快乐。

宿舍整体布局在遵循宽敞明亮、干净整齐的原则基础上添加了宿舍成员的个性元素。如舍长（1号床铺）主要体现山东人热情讲义气的品性，配以漫画、卡通等装饰品点缀。门的正上方书卷气萦绕，有一幅字名曰：温馨。

宿舍名称：天涯海阁。

宿舍口号：方法总比困难多，相信有爱就不会彷徨。

舍歌：《完美世界》。

舍规：一、热爱生活，热爱家庭，相互关爱，相互照顾；

二、相互尊重，一致对外，维护我们家的一切合法利益；

三、每周轮流讲一个故事；

四、每逢节假日，必须和家人团聚；

五、晚上十一点以后不许在宿舍内打电话；

六、每两周集体大扫除一次；

七、交女友，要请客吃饭，正式宣布；

八、若生病，可享受皇帝级待遇；

九、学习困难者，家人集体帮助；

十、不得私藏心事，快乐分享，痛苦分担；

十一、一切集体大事，须六人通过。

设计理念：宁静、简约、温馨、以人为本。

第二节 绿色低碳生活从垃圾分类做起

名人名言

人们在自觉的、有目的的生产劳动与社会活动的基础上，也逐渐获得了从事自觉的、有目的的审美的活动，即从事审美创造与发展的能力。

——波斯彼洛夫

进入21世纪以后，全球气候变暖、生态环境日益恶化，严重威胁着人类的健康与生存。遏制气候变暖，发展绿色低碳经济，是全人类共同的使命。为了你、为了我、为了他，也为了我们赖以生存的地球大家庭，更为了明天的美好生活，大学生理应率先身体力行，倡导绿色低碳生活，共建绿色校园。

工业革命以来，人类经济发展的相关活动及在日常生活中排放的二氧化碳，大大超出了地球对二氧化碳的自然负荷能力。这导致全球气候发生显著变化，对全球自然生态系统产生了严重的有害影响。于是，人类开始反思自己的行为，“低碳”概念应运而生。

所谓“低碳”，就是倡导人们在生产、生活中，尽量减少二氧化碳排放，以减缓全球变暖的趋势。低碳生活则是人们为减少二氧化碳排放，主动自发形成的一种新型生活方式。在减少二氧化碳排放的过程中，个人的努力具有“聚沙成塔”的意义。

一、大学生要养成绿色低碳的生活方式

（一）要树立绿色低碳意识

通过学习相关的环保知识，认识到节能减排的重要性和紧迫性，牢固树立绿色低碳

理念，人人争做绿色低碳标兵，处处体现绿色低碳文化，时时参与绿色低碳行动。

（二）要养成绿色低碳习惯

绿色低碳生活方式的养成要从小事做起，节约用电，节约用水，节约用纸，节约粮食，爱护树木，不践踏草坪，讲究卫生，不乱丢杂物，绿色出行，少乘机动车，不用一次性用品，少用塑料袋，不买不必要的物品，废旧物品再利用，废电池单独分类处理，等等。

（三）要主动宣传绿色低碳的生活方式

散播绿色低碳的“种子”，带动周围的人养成绿色低碳的生活态度，以实际行动参与低碳校园的建设。

那么，在日常的生活劳动中，还有哪些好的习惯能帮助我们实现绿色低碳生活呢？

二、大学生要做垃圾分类的践行者

生活中，我们难免会制造垃圾，无论是在校园还是在家庭、社会，“垃圾围城”已成为困扰全球大城市的难题。垃圾的处理无外乎填埋和焚烧，无论哪种方式都会造成环境污染，要解决垃圾污染问题，首先要做好垃圾分类工作。作为新时代的大学生，我们要做垃圾分类的践行者。

（一）垃圾分类的积极意义

“垃圾是放错了地方的资源。”垃圾分类就是将垃圾分门别类地投放，并通过分类清运和回收使之重新变成资源。习近平总书记在上海市考察时指出，“垃圾分类工作就是新时尚”，并勉励大家把这项工作抓实办好。全民参与垃圾分类，利国惠民，具有积极的意义。

1. 减少环境污染

我国现有的垃圾处理方式主要是填埋和焚烧。无论采用哪种方式和技术，都难以杜绝有害物质渗透。这些有害物质会随着地球的循环进入整个生态圈，污染水源和土地，通过植物或动物最终影响人类的身体健康。另外，垃圾焚烧也会产生大量危害人体健康的有毒气体和灰尘。如果我们能够做好垃圾分类，就能减少垃圾的填埋和焚烧，从而减少环境污染。

2. 节省土地资源

填埋、堆放等垃圾处理方式占用土地资源，且生活垃圾中有些物质不易降解，填埋后将使土地受到严重侵蚀。据统计，垃圾分类可以使人均生活垃圾产生量减少三分之二，从而节省大量土地资源。

3. 促进资源的循环利用

通过垃圾分类，可以回收可利用的垃圾，将垃圾变废为宝，促进资源的循环利用，从而保护我们的生态系统。

4. 提高民众的环保意识

垃圾分类是处理垃圾公害的最佳解决方法和最佳出路。垃圾分类能够让民众学会节约资源、利用资源，养成良好的生活习惯，提高个人素质。

（二）垃圾分类标准

《生活垃圾分类标志》（GB/T 19095—2019）将生活垃圾分为 4 个大类和 11 个小类，具体如表 4-1 所示。

表 4-1　生活垃圾分类

序号	大类	小类
1	可回收物	纸类
2		塑料
3		金属
4		玻璃
5		织物
6	有害垃圾	灯管
7		家用化学品
8		电池
9	厨余垃圾（也可称为“湿垃圾”）	家庭厨余垃圾
10		餐厨垃圾
11		其他厨余垃圾
12	其他垃圾（也可称为“干垃圾”）	—

表 4-1 中 4 个大类的对应标志如图 4-1 所示。

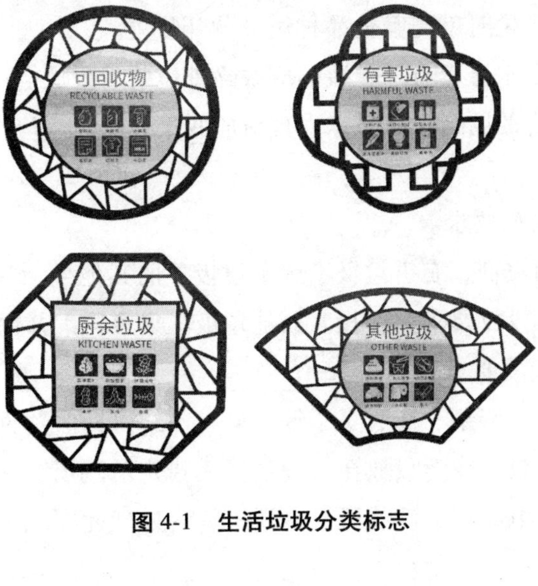

图 4-1　生活垃圾分类标志

（三）垃圾分类操作

1. 分类原则

进行垃圾分类，关键要掌握分类原则。可回收物包括玻璃、金属、塑料、纸类、织物等；有害垃圾比较少，主要是废电池、废灯管、废药品、废油漆及其容器；厨余垃圾要看会不会腐烂，是不是容易粉碎；剩余的就都是其他垃圾了。当发现有混淆模糊、不能准确判断类别的垃圾时，也可以把它归为其他垃圾。

2. 投放要求

（1）可回收物的投放要求。

可回收物指适宜回收、可循环利用的生活废弃物。其投放要求如下：

① 尽量保持清洁干燥，避免污染。

② 立体包装物应清空内容物，清洁后压扁投放。

③ 易破损或有尖锐边角的应包裹后投放。

（2）有害垃圾的投放要求。

有害垃圾指生活垃圾中对人体健康或自然环境造成直接或潜在危害的物质，必须单独收集、运输、存贮，由环保部门认可的专业机构进行特殊安全处理。其投放要求如下：

① 投放时应注意轻放。

② 破碎的及废弃药品应连带包装或包裹后投放。

③ 压力罐装容器应排空内容物后投放。

（3）厨余垃圾的投放要求。

厨余垃圾指食材废料、剩菜剩饭、过期食品、瓜皮果核、花卉绿植、中药药渣等易腐的生活废弃物。其投放要求如下：

① 厨余垃圾应从产生时就与其他品种垃圾分开收集。

② 投放前尽量沥干水分，有外包装的应去除外包装后投放。

③ 在公共场所产生的厨余垃圾且未发现对应收集容器时，应携带至厨余垃圾投放点妥善投放。

（4）其他垃圾的投放要求。

其他垃圾指除可回收物、有害垃圾、厨余垃圾外的其他生活垃圾，即环卫体系主要收集和处理的垃圾。其投放要求为：投入其他垃圾收集容器，并保持周边环境整洁。

（5）大件垃圾的投放要求。

大件垃圾，如沙发、床垫、床、桌子等，可以预约可回收物回收经营者或者大件垃圾收集运输单位上门回收，或者投放至管理责任人指定的场所。大型电器电子产品也属于大件垃圾，如空调、电冰箱、洗衣机、电视机等，处理此类垃圾时可联系规范的电器电子废弃物回收企业预约回收或按大件垃圾管理要求投放。

需要注意的是，小型电器电子产品包括微电脑、手机、电饭煲等，可按照可回收物的投放要求进行投放。

（6）装修垃圾的投放要求。

装修垃圾，如碎马桶、碎石块、碎砖块、废砂浆、弃料等。装修垃圾和生活垃圾应分别收集，并将装修垃圾装袋后投放到指定的场所。

案　例

全球变暖正悄悄改变地球的“模样”

冰川融化改变了北极地貌、海平面上升让城市慢慢消失、栖息地被毁可能让小丑鱼从地球上灭绝……

你知道吗？全球变暖正悄悄地改变着地球的“模样”。

冰川融化改变地貌，城市在消失？

2019 年 11 月，意大利威尼斯经历了自 1872 年以来最危险的一周，整个水城被淹没，遭遇了“末日般的破坏”。有研究表明，随着全球气候变暖，威尼斯可能在未来几十年内被全部淹没，彻底消失。

美国阿拉斯加州沿海小镇基瓦利纳的水一直居高不下，无法退去。因海平面上升，这个小镇面积正不断缩减。估计到 2025 年，这里就会被海水淹没。

人类居住的城市，说淹就淹，说没就没？这一切的罪魁祸首，或许都源于气候变暖导致的南北极地区冰川大量融化。

这些冰川本来安静地“沉睡”在两极，雄壮美丽，但是气温升高让它们慢慢融化消逝。冰川融化背后，是气候变暖在加速。自 20 世纪 90 年代起，北极变暖速度是地球其他地区的两倍。

气候变暖威胁栖息地，物种在灭绝！

气候变暖还严重威胁到了北极熊的生存。2019 年，北极熊数量显著减少，习惯在浮冰上生活的北极熊，失去了厚厚的冰层，难以捕猎食物。很多饥饿的北极熊被迫去村庄觅食。

同样面临生存威胁的还有万里之外的孟加拉虎和深海中的小丑鱼。

位于恒河三角洲的孟加拉国孙德尔本斯地区是孟加拉虎的主要栖息地。由于海平面上升，这一地区预计会在 2070 年彻底消失，这里的孟加拉虎也会随之灭绝。

电影《海底总动员》中可爱的小丑鱼“尼莫”，也正面临威胁。小丑鱼对栖息地相当挑剔，如果它们的自然栖息地珊瑚礁继续受到破坏，在不久的将来，人类或许只能在电影中与它们“见面”。

2019年2月，澳大利亚官员正式把珊瑚裸尾鼠从濒临灭绝的物种名录转移到了灭绝类别。这是第一种因全球变暖而灭绝的哺乳类动物。

科学家认为，未来几个世纪，气候和人类的活动可能会毁掉三百多种哺乳类动物和鸟类，也许会有更多物种从“濒临灭绝”走向“灭绝”。

全球变暖不但关系到冰川融化、物种灭绝，也和我们的生活息息相关。多项研究发现，气候变化可能还会导致早产率升高、GDP下降，甚至让人的智商变低，因为呼吸的空气日益浑浊，人也会变笨。

第三节　做绿色环保的实践者

名人名言

科学是老老实实的东西，它要靠许许多多人民的劳动和智慧积累起来。

——李四光

地球给了所有生命一个适合生存的支持系统——水、空气、光、热、各种能源等。如果这样的支持系统遭到破坏，不只是动植物的生存环境会遭到破坏，包括人类在内，也会受到不同程度的影响。因此，只有保护环境，保护我们赖以生存的地球，才能保护我们人类自己，才能使人类的文明发展得更远，让人类的生活环境更舒适。

习近平总书记指出：“我们既要绿水青山，也要金山银山。宁要绿水青山，不要金山银山，而且绿水青山就是金山银山。”这一论断深刻地体现了习近平总书记把保护生态放在首位的鲜明态度和坚定决心。

生态环境保护是功在当代、利在千秋的事业。我们要清醒地认识到保护生态环境的紧迫性和艰巨性，清醒地认识到加强生态文明建设的重要性和必要性，做绿色环保的实践者。

一、了解相关的环保知识

（一）全球十大环境问题

1. 全球气候变暖

全球气候变暖指的是在一段时间内，地球的大气和海洋温度上升的现象，主要是指人为因素造成的温度上升，原因很可能是温室气体排放过多。全球气候变暖不仅危害自然生态系统的平衡，更威胁人类的食物供应和居住环境。

2. 臭氧层破坏

臭氧层可以说是地球的保护层，臭氧层被破坏后，其吸收紫外线辐射的能力减弱，给人体健康带来很多不利影响，对植物生长和生态系统也造成了破坏。

3. 生物多样性减少

造成生物多样性减少的原因主要有：① 人口的剧增；② 生态环境的破坏；③ 环境的污染；④ 外来物种的侵入。我国的大熊猫成为珍稀物种就是一个典型例子。

4. 酸雨蔓延

被称为“空中恶魔”的酸雨目前已成为一种范围广泛、跨越国界的大气污染现象。酸雨是人类活动造成的，大气中的工业污染物二氧化硫、氮氧化物等酸性氧化物是酸雨之源。

5. 森林锐减

绿色植物起涵养水源、调节气候、净化空气的作用。因此，一旦这些绿色“长城”被毁，造成的后果是十分严重的。生态环境的恶化和人为的砍伐是其根源。水土的流失导致了耕地的贫瘠化和荒漠化，而土地的荒漠化反过来又加剧了当地的贫困，恶性循环就是这样形成的。

6. 土地荒漠化

土地荒漠化简单地讲是指土地退化，也叫“沙漠化”。土地荒漠化是气候变化和人类不合理的经济活动等因素造成的。

7. 大气污染

大气污染通常是指由于人类活动或自然过程引起某些物质进入大气，呈现出足够的浓度，达到足够的时间，并因此危害了人体的舒适、健康和福利或环境的现象。

8. 水体污染

水体污染是指一定量的污水、废水、各种废弃物等污染物质进入水域，超出了水体的自净能力，导致水体及其底泥的物理、化学性质和生物群落组成发生不良变化，破坏了水中固有的生态系统和水体的功能，从而降低了水体使用价值的现象。造成水体污染的因素是多方面的：向水体排放未经过妥善处理的城市生活污水和工业废水；施用的化肥、农药及城市地表的污染物，经雨水冲刷，随地表径流进入水体；随大气扩散的有毒物质通过干沉降或湿沉降（降雨、降雪等）过程进入水体；等等。

9. 海洋污染

造成海洋污染的原因是多种多样的，如空气污染、噪声污染、淡水污染、船只作业、油气开采等。2021 年日本政府正式决定将福岛的核废水经过滤并稀释后排入大海就是一个例证。

10. 固体废物污染

固体废物按来源大致可分为生活垃圾、一般工业固体废物和危险废物三种。此外，还有农业固体废物、建筑废料及弃土。固体废物如不加妥善收集、利用和处理，就会污染大气、水体和土壤，危害人体健康。

（二）碳达峰和碳中和

1. 碳达峰

广义来说，碳达峰是指某一个时点，在这个时点后二氧化碳的排放不再增长，也就是二氧化碳的排放达到峰值，之后逐步回落。

根据世界资源研究所的介绍，碳达峰是一个过程，即碳排放首先进入平台期并可以在一定范围内波动，之后进入平稳下降阶段。据此，结合我国承诺的时间节点，在现在至 2030 年，我国的碳排放仍将处于一个爬坡期，到 2030 年达到一个峰值；在 2030—2060 年这 30 年间，我国的碳排放要度过平台期并最终完成减排任务。

2. 碳中和

碳中和是指企业、团体或个人测算在一定时间内直接或间接产生的二氧化碳排放总量，然后通过植树造林、节能减排等形式，抵消自身产生的二氧化碳排放量，实现二氧化碳“零排放”。我国承诺的时间节点是到 2060 年实现碳中和。

我国碳达峰过程和碳中和形式如图 4-2 所示。

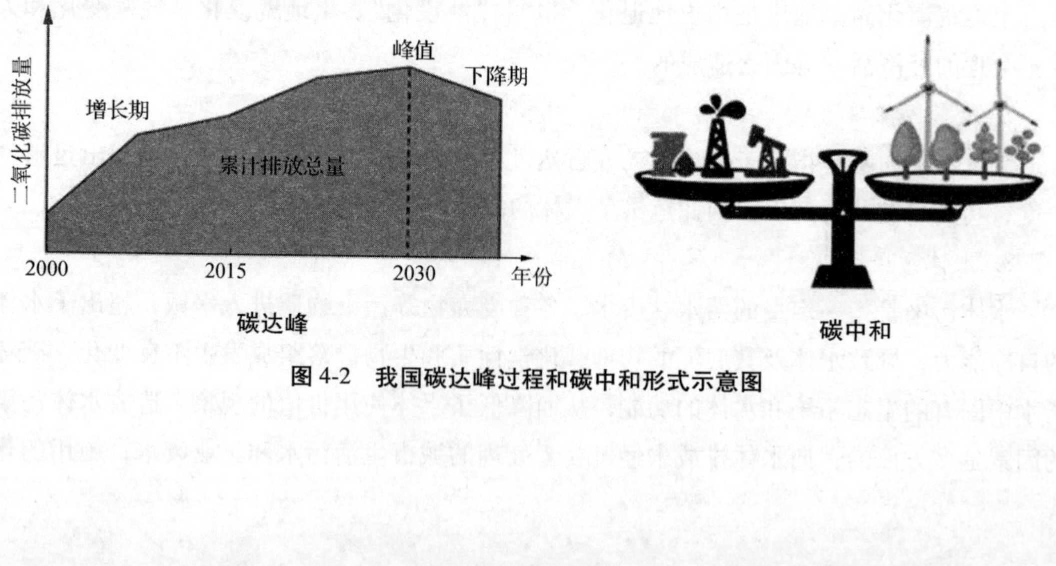

图 4-2　我国碳达峰过程和碳中和形式示意图

3. 碳达峰、碳中和的意义和本质

（1）意义。

碳达峰、碳中和意味着一个以化石能源为主支持发展的时代即将结束，一个向非化石能源过渡的时代来临；明确了我国低碳发展的关键时间节点；体现了我国实现绿色低碳转型发展的决心。

（2）本质。

碳达峰、碳中和体现了我国一个负责任大国的国际担当；低碳转型表面上看是一个环境问题，归根到底是一个大国胸怀世界、追求发展的信念。

二、形成绿色价值取向

什么是绿色价值取向？习近平总书记关于“绿水青山”与“金山银山”关系的三个言简意赅的重要论断，对此做了生动阐释和系统说明。

“绿水青山就是金山银山”，强调优美的生态环境就是生产力，就是社会财富，突显了生态环境在经济社会发展中的重要价值。“既要绿水青山，也要金山银山”，强调生态环境和经济社会发展相辅相成、不可偏废，要把生态优美和经济增长“双赢”作为科学发展的重要价值标准。“宁要绿水青山，不要金山银山”，强调绿水青山是比金山银山更基础、更宝贵的财富。当生态环境保护与经济社会发展产生冲突时，必须把保护生态环境作为优先选择。坚持绿色发展，需要我们形成绿色价值取向，正确处理经济社会发展同生态环境保护的关系，牢固树立保护生态环境就是保护生产力、改善生态环境就是发展生产力的理念，更加自觉地推动绿色发展、循环发展、低碳发展，绝不以牺牲生态环境为代价换取一时的经济增长。

三、构建绿色生活方式

绿色生活方式与每个人的生活息息相关，体现了人们对绿色发展理念的认同度、践行力。形成绿色生活方式对绿色发展和生态文明的最终实现具有基础意义、关键作用。

保护环境，人人有责；绿色发展，人人应为。这个“应为”，就是倡导和践行勤俭节约、绿色低碳、文明健康的生活方式与消费模式。

推动形成绿色生活方式，需要我们坚持节约优先，强化节约意识，在衣、食、住、行、游等方面形成节约的行动自觉；倡导环境友好型消费，推广绿色服装，提倡绿色饮食，鼓励绿色居住，普及绿色出行，发展绿色旅游，反对和抵制各种形式的奢侈浪费、不合理消费。

促进生活方式的绿色化，时时可做，处处可为。大到购买节能与新能源汽车、高能效家电、节水型器具等节能环保产品，小到减少塑料购物袋、餐盒等一次性用品的使用，乃至随手关灯、拧紧水龙头，都是在践行绿色生活方式和环境友好型消费理念，都是在为绿色发展做贡献。

我们每个人都是生态链上的一环，都在以自己的行为和方式影响着自然。如果我们能摒弃损耗自然的行为举止，选择有利于环境的生活方式，相信自然也会友好地拥抱我们。

俗话说，良好的开端是成功的一半。我们要以努力和坚持去培养我们良好的习惯，如同善待亲人般善待自然，吹响绿色的集结号，迈出环保的新步伐。

实践活动

“绿色校园，从我做起”主题活动

对于刚刚起步的莘莘学子，当你们用眼睛去发现大自然的美丽，用心灵去感悟天地间的纯净时，是否也能用自己的行动去为它们编织美好的未来？大学生要多关注自己周边乃至国家、全球的环境问题，努力学习和实践，以获得人与环境和谐相处所需要的知识、方法和能力，形成绿色的价值取向和生活方式，培养对环境友好的情感、态度和价值观。

请围绕“低碳环保”主题，制订一个“绿色校园，从我做起”的个人行动计划，并在日常生活中执行。

【过程记录】

活动计划
活动关键点
活动难点及解决方案
心得体会

【结果评价】

“绿色校园，从我做起”主题活动评价表

评价标准	分值	得分小计	教师评价
计划完整性	20		
计划可行性	20		
计划完成性	30		
计划创新性	10		
计划可评价性	10		
计划层次性	10		

第五章

生产劳动实践

生产劳动是指在物质生产领域或非物质生产领域以物质产品、服务或精神产品形式为社会创造的具有国民经济统计意义的有效劳动。它不以是否创造出物质产品，也不以价值的实现方式或产品的购买方式为判断的标准，只要是创造出价值并具有国民经济统计意义的有效劳动，就是生产劳动。职业院校大学生在校学习期间可参与的生产劳动主要有生产性实训和顶岗实习，它们不仅有助于实现人才培养目标，而且可以创造出具有国民经济统计意义的价值。

第一节　生产性实训

名人名言

劳动是唯一导向知识的道路。

——萧伯纳

职业院校大学生生产性实训可分为校内生产性实训和校外生产性实训两种。

校内生产性实训是指职业院校充分利用自身的优势，独自或与政府、行业或企业联合，在校内建设具有生产功能的实训基地，然后通过生产产品、研发技术、服务社会等生产性过程，实现经济效益，并在生产过程中培养学生的实践技能，提高学生的综合职业能力。校内生产性实训不但为师生创造了真实的职业环境，其创造的经济效益还为学校购置设施设备、改善教学条件、加强技术研发等提供支持。这样，消耗性的实践教学就变成了创造效益的生产经营活动，这为实训基地的可持续发展奠定了坚实的基础。

校外生产性实训是指职业院校与行业、企业或其他社会组织合作，在合作单位内建设具有生产功能的实训基地，学生可以在实训基地的真实职业环境中学习，实现感受职业氛围、提升职业技能、培养职业道德等实践教学目标。

校内生产性实训和校外生产性实训是职业院校实践教学中的重要环节，也是大学生从学校走向工作的重要过渡。大学生应该好好利用生产性实训的机会，感受真实职业环境，检验所学理论知识，提升实践操作技能，努力提高自己的综合职业素质。

拓展阅读

“7S”品质

一、“7S”概述

想要了解“7S”，先要了解“5S”。“5S”起源于日本，是指在生产现场对人员、机器、材料、方法、信息等生产要素进行有效管理的一种方法。因为整理（Seiri）、整顿（Seiton）、清扫（Seiso）、清洁（Seiketsu）、素养（Shitsuke）这五项活动的日语罗马拼音均以“S”开头，所以日本人称其为“5S”。近年来，随着人们对这一方法认识的不断深入，又添加了安全（Safety）、节约（Saving）这两项内容，称为“7S”。

案 例

刘刚、李明和张伟同时接到一个维修任务。刘刚由于平时注意整理、整顿，工具整齐，很快投入生产。李明平时不注意整理，急急忙忙翻找工具，发现少了一件，上上下下找了一遍后，终于找到了，可是一小时已经过去，当天的任务他很难完成。张伟平时习惯乱丢物品，工具少了也不知道，结果怎么也找不齐，没法工作，只好去重新购买，等他买回来已经是下午，一个上午的时间就白白浪费了。更让他懊恼的是，新工具买回来后，他就发现原来的工具在工具柜底下，因为被旧工作服盖住了，所以之前没能发现。

日常的行为坚持下去就成了习惯，不同的习惯能带来不同的工作效率。“7S”管理就是要让员工养成“从小事做起、从我做起、从身边做起、从看不见的地方做起”的“凡事彻底”的良好心态，以及“现场、现物、现状、原理、原则”的各类管理作风，这是现代企业的管理基石。

“7S”既是一种管理方式，也是一种管理活动，它是保证企业整洁的生产（营运）和办公环境、良好的工作秩序和严明的工作纪律，同时也是提高工作效率、生产高质量产品、减少浪费、节约物料成本和时间成本的基本要求。

（一）“7S”之间的关系

7 个 S 之间的关系可以用图 5-1 来表示。

只有整理没整顿，物品真难找得到；
只有整顿没整理，无法取舍乱糟糟；
整理整顿没清扫，物品使用不可靠；
3S之效果要保证，清洁出来献一招；
标准作业练素养，安全生产最重要；
日积月累勤改善，公司管理水平高。

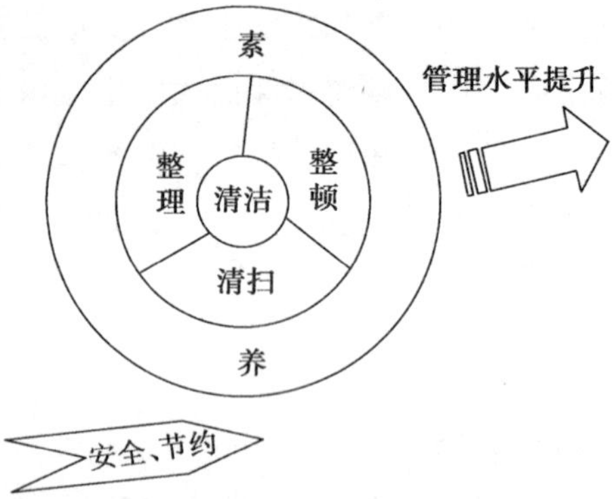

图 5-1 “7S”之间的关系图

（二）“7S”的八大效用

(1) 改善和提升企业形象。

(2) 提高生产效率。

(3) 提高物料在库的周转率。

(4) 减少质量故障，保障品质。

(5) 保证企业安全生产。

(6) 降低生产成本。

(7) 改善员工精神面貌，使企业具有活力。

(8) 缩短作业周期，确保交货期。

（三）“7S”的关联图和推进层次图（图 5-2 和图 5-3）。

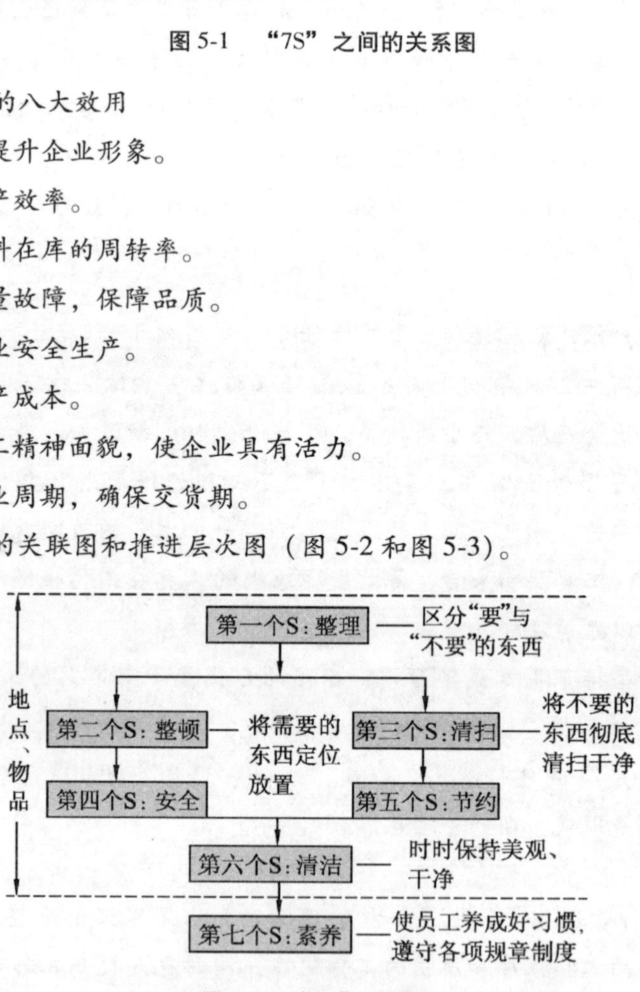

图 5-2 “7S”关联图

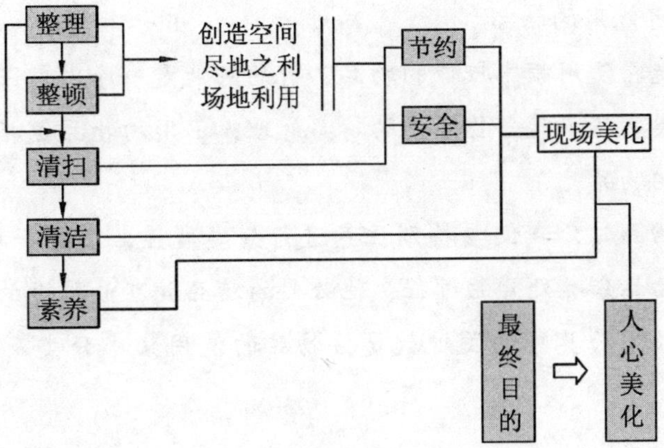

图 5-3 “7S”推进层次图

二、“7S”的具体内容及作用

（一）整理

1. 整理的含义

区分工作现场“需要”与“不需要”的物品，处理掉不用的物品，腾出空间，将必须要用的物品整理好，并将现场物品有序放置。

2. 整理的目的

保持环境整洁，腾出空间，有序放置，预防误用，保障安全。

3. 整理的作用

（1）可以使现场无杂物，行道通畅，增大作业空间面积，提高工作效率。

（2）减少碰撞，保障生产安全，提高产品质量。

（3）消除混料差错。

（4）有利于减少库存，节约资金。

（5）使员工心情舒畅，工作热情高涨。

4. 整理的方法

（1）现场检查。

检查工作场所，包括地面、桌面、工具箱内、柜子顶部、设备台面等。

（2）区别必需用品和可能用品。

在实际工作中，我们必须搞清楚必需用品和可能用品的区别。有人总喜欢把可能用的物品和必须用、经常用的物品放在一起，而实际上可能用的物品往往很少用到。对于不经常用的物品，我们需要将其与经常用的物品分开存放。

（3）处理掉不用的物品。

不用的物品放在工作场所，不但占用了空间，还会影响到要用物品的取用，所以要及时处理掉不用的物品。

（4）正确处置可能用的物品。

可能用的物品是指使用频率较低的物品，有的可能是一个月、三个月、半年、一年才使用一两次，这类物品不能当作不用的物品处理；不用的物品是指可以做报废处理的物品或当垃圾处理的物品。

处置可能用的物品时，我们要特别注意进行分类处置，不能一扔了之或一堆了之。其实，整理就是将物品分类处置的过程，把必要的物品放在最接近的位置，按一定的序列摆放，以方便取放，而其中的关键就是按物品的使用频率分类及将物品放于恰当的位置。

（二）整顿

1. 整顿的含义

整顿就是将整理后留下的必要物品进行分门别类放置，使其排列整齐，从而方便取用、方便归位、方便存放，最大限度地减少取放的时间和程序。

2. 整顿的目的

整顿是为了使工作场所整洁、一目了然，物品摆放井然有序、使用方便，减少找寻物品的时间，消除过多的积压物品，这是提高效率的基础。

3. 整顿的作用

（1）最大限度地减少物品的取放时间，保证需用时立即可取。

通过整理，清除不必要的物品，并将必要物品放置得简洁明了、取放方便。

（2）物品有序存放，容易发现异常情况。

物品有序存放后，可随时发现未归、错放、缺失的物品，并及时补正，这样可以避免在使用过程中寻找。

（3）标识清楚，减少误拿误用。

通过对物品存放的明确标识，做到一目了然、取放方便，减少使用中的误拿。

4. 整顿的三要素

（1）放置场所。物品的放置场所原则上要100%设定，物品的保管要定点、定容、定量，生产线附近只能放真正需要的物品。

（2）放置方法。方便易取，不超出规定的范围。

（3）标识方法。放置场所和物品原则上要一对一标示，标示要清晰、规范。

5. 整顿的三定原则：定点、定容、定量

定点：放在哪里合适；定容：用什么容器、颜色；定量：规定合适的数量。

要求：

（1）整顿的结果是任何人都能立即取出所需要的物品。

（2）要站在新人和其他职场人的立场来看，什么东西放在什么地方更为合理。

(3) 使用后要能容易恢复到原位，没有恢复或误放时要能马上知道。

(三) 清扫

1. 清扫的含义

打扫、清洗工作场所内的垃圾、灰尘、污渍、锈蚀等，使工作环境成为一尘不染、窗明几净的场所。

2. 清扫的目的

清扫是为了使工作场所、设备物品处于洁净的常态备用状态，是对环境的经常性清扫和对设备的一贯性清理、维护和点检。

3. 清扫的作用

(1) 经过清扫，环境整洁，给生产和工作带来便利。

(2) 通过清扫时的点检，可以发现场地、设备、材料的异常，及时发现问题和隐患。

(3) 经常清扫可以使设备设施的保养维护更容易，不会出现积垢难除的现象。

(4) 清扫的过程也是对设备的检查维护过程，良好的清扫制度有利于及早发现问题，预防和减少设备故障的发生。

4. 清扫的实施方法

(1) 将工作场所的地板、墙壁、天花板、柜顶，甚至荧光灯里面打扫干净，清扫灰尘、污垢。

(2) 将工作台、设备打扫得干干净净，清扫设备内外，确保内外无杂物、无污染。每天通过对设备的清洗来发现细小的异常。

(3) 将地面、走廊、附房、墙角、夹弄、防火及电气装置打扫干净，清除杂物、油污、水迹。

(4) 清扫过程中的观察。在清扫过程中，要仔细观察车间情况和设备状态，如有无破损、漏油、漏气、漏水、锈蚀等情况，压力、温度、浓度、电压等有无异常。

(5) 对清扫情况进行记录。按照规定的时间要求，正确地实施清扫，并依据点检要求和频率对设备实施点检，每次做好记录，发现异常及时处理或上报。

(6) 实行清扫区域和范围责任制。明确要求，划定范围，落实责任人，确定检查制度和奖惩措施，确保清扫落实到位。

5. 清扫的实施要领

(1) 建立清扫责任区（室内外）。

(2) 实行例行清扫，清理脏污。

(3) 调查污染源，予以杜绝或隔离。

(4) 建立清扫基准，并作为规范。

（5）定期实行全单位例行大清扫。

（四）清洁

1. 清洁的含义

将“3S”（整理、整顿、清扫）工作形成制度，长期贯彻执行并在执行中按照简洁、明了、规范的要求，对环境、物品摆放开展创意管理，以获得持久的效果。

2. 清洁的目的

保持“3S”实施的持久效果，保持工作环境的整洁、干净、亮丽，形成制度化、标准化，形成现场管理的规范，并将之提升为企业文化的内涵。

3. 清洁的实施方法

（1）领导重视。

企业管理者应从加强企业管理、提高员工素养和建设企业文化的高度来重视和加强对这项工作的实施，动员全体员工参与这项工作。

（2）加强教育和培训。

① 教育引导。充分利用各种宣传形式和手段，进行宣传教育，如醒目的标语、大幅宣传画、主题宣传栏、班组会宣讲、标兵评比、确立示范岗等，要在企业中形成“7S”品质的宣传和教育氛围。

② 训练提升。进行集中培训，聘请管理专家给员工上课，讲解原理，进行操作技术演示和训练，指导员工实地操作；班组长和师傅带训，在工作中结合实际言传身教，采取各种方法来训练员工，尤其是要对新员工和实习学生进行系统的培训。

大学生在成为企业正式员工前都必须得到这方面的训练，从了解到理解，从理解到操作，从操作到熟练，从熟练到精通。

（3）把握要点，领会精神。

① 把握要点：工作场所有没有不用的物品需要清除；工具是否整齐，可以马上使用；是否按规定时间和要求进行了清扫；工作结束时是否进行了整理。

② 学习“3S”的内容，领会“3S”的精神，并形成习惯和制度，长久贯彻落实，循环往复，不断提升。

（4）实施创意目视化管理。

“3S”管理的提升要求之一，就是实施创意目视化管理。我们不但要将物品合理归类，摆放整齐，还要以各种创意的形式，将物品存放状态目视化，做到一目了然。例如，为各种形状区分不明显的工具和材料制作张贴不同颜色的标签；设计各种格箱装放大小规格不同的物品；为了让人看得见空调的运行状态，在空调出风口系上小小的丝带或风车；等等。

（五）素养

1. 素养的含义

按照“3S”的要求和规范落实，将要求贯彻为行动，将行动坚持为习惯，将习惯提升为素养。

这是一项人人都能做到却人人难以坚持的工作。关键的问题在于是否具有坚持制度和坚持要求的机制、毅力和决心。要从我做起，持之以恒，形成习惯和共识，共同努力，把它作为推进企业管理和企业文化建设的重要工作来做，长久坚持，必有成果。其实，“7S”的核心就是通过实施整理、整顿、清扫、清洁来提升素养。

2. 提升素养的目的

培养员工良好的习惯，提升员工职业素养，按照规范要求，创造更好的环境，生产更优的产品。简而言之，就是遵守规范，持续改进。

3. 提升素养的方法

（1）制定企业素养规定。

制定大家认同的“7S”行为规范、规章、规则和规定，将企业“7S”管理规定整理成易读易记的规范，做到规定的要求任何人都能立即理解，很快记住。将“7S”内容融入员工手册、日常行为规范、实训操作手册等规范之中。

（2）加强培训。

要将“7S”管理的规范扎实落实和执行下去，就必须抓好员工的培训和教育，必须让每个员工都知道为什么要这样做，按照哪些规范去做才是正确的。

（3）推动各种激励活动。

通过统一着装、仪容仪表、工作牌的规范，改善员工的精神面貌；通过礼仪守则、礼貌用语、行为规范的贯彻，提高员工的修养；通过晨会、评比、表彰等活动，提高员工参与“7S”活动的热情。

（六）安全

1. 安全的含义

安全是指消除安全隐患，排除险情，预防事故的发生，保障员工的人身安全，保证生产的正常进行，减少安全事故造成的人员和财产损失。

我们经常讲“安全第一、预防为主”“安全责任重于泰山”，但要真正落实并非易事。它需要我们坚持不懈地贯彻安全意识，执行安全制度，落实安全措施，做到预防为主、有备无患、警钟长鸣。

2. 安全生产的目的

杜绝安全事故，规范操作，确保产品质量；保障员工的人身安全，保证生产的连续安全正常进行；减少因安全事故而带来的经济损失。

3. 安全与“5S”的关系

其实，我们前面所讲的“5S”，与安全是紧密相关的，是安全的基础和保证。原因有以下几点：

（1）做好整理，区分需要与不需要的物品，处理不需要的物品，消除必要与非必要物品的混放。

（2）通过整顿，物品取放快捷，预防物品的误拿误放。

（3）通过仔细地清扫，认真执行设备点检，及时发现异常情况，设备带病作业的隐患就能被及时消除。

（4）做好清洁工作，员工都能养成良好的习惯，遵章守纪，整个现场处于有序的良好状态。

（5）提高员工的职业素养，潜在安全问题被揭露，消防通道畅通，消防设备处于随时待命的管理状态。

（七）节约

1. 节约的含义和目的

节约就是对时间、空间、能源等方面合理利用，以发挥它们的最大效能，从而创造一个高效率的、物尽其用的工作场所。

2. 节约的原则

以自己就是主人的心态对待企业的资源；能用的东西尽可能利用，切勿随意丢弃，丢弃前要思考它的剩余使用价值；秉承勤俭节约的原则，建设资源节约型企业。节约是对整理工作的补充和指导，在我国，由于资源相对不足，更应该在企业中秉承勤俭节约的原则。

3. 节约的实施方法

推行节约重点应该从物品摆放、机械设备保养、环境整洁、废物利用等方面展开，这些内容又和前面介绍的整理、整顿、清扫、清洁密切相关，由此可见，“7S”管理是一项系统工程，环环相扣，密不可分。

废物利用是整理的一项内容，废物属不可用物品之列，会被清理出来，暂时保存在废品仓库，考虑其他用途。本着不浪费企业任何资源，充分利用企业现有资源的原则，对这些废弃物进行妥善处理，能真正体现节约的宗旨。

废弃物一般可分为可回收废弃物、一般废弃物和特殊废弃物三类。

（1）可回收废弃物：一般指物品外包装上的纸皮、纸箱、塑料、木板、报废金属块等。

（2）一般废弃物：一般指生产中产生的零碎包装物或生活垃圾。

（3）特殊废弃物：一般指带有原材料的物品或原材料本身，对环境产生影响的、国家明文规定不能随便排放的废弃物，如机油、柴油等有机污染物。

废弃物按照不同类型一般有三种放置方法：

（1）可回收废弃物的放置：由于可以回收出卖，集中分类放置于统一的废料区。

（2）一般废弃物的放置：没有利用价值，可以直接倒入垃圾区报废。

（3）特殊废弃物的放置：材料类经报废后，由仓库放置于特定废料区。

废弃物按照不同类型一般有三种处理方法：

（1）可回收废弃物的处理方法：由仓库通知采购部定期对废品进行卖掉处理。

（2）一般废弃物的处理方法：定期倒入垃圾箱处理。

（3）特殊废弃物的处理方法：材料类按照报废程序报采购部处理。

无论是学校还是企业，推行“7S”管理都是十分重要和关键的，它既能形成良好的学习、工作环境，又能消除学习、生产过程中可能面临的各种不良现象，能有效提升个人的行动力和综合素养，提高个人的学习、工作效率，使各项工作更为简洁、有序。

第二节 顶岗实习

顶岗实习是指在职业院校人才培养过程中，初步具备实践岗位独立工作能力的学生，到相应实习单位相对独立地参与实际工作的活动。它是增强学生综合能力、实现人才培养目标的基本环节，是教学计划的重要组成部分，对开阔学生视野、增进学生对专业的认识、培养学生适应岗位的能力和创新能力特别是实践动手能力等具有重要意义。

为了保证顶岗实习效果，职业院校一般会从以下几个方面着手开展顶岗实习工作：

第一，加强实习教学体系建设。职业院校会结合专业特点和人才培养目标，系统设计实习教学体系，制定实习大纲，健全实习质量标准，科学安排实习内容。

第二，合理安排实习组织形式。职业院校会根据专业特点和实习内容，确定实习的组织形式。各类实习原则上由学校统一组织，开展集中实习。根据专业特点，顶岗实习可以允许学生自行选择单位分散实习。对于分散实习的学生，学校会严格审核实习基地条件、实习内容，加强实习过程指导和管理，确保实习质量。

第三，科学制订实习方案。职业院校会根据实习内容，按照就地就近、相对稳定、节省经费的原则，科学制订实习方案。

拓展阅读

一名法律专业大学生的顶岗实习收获[1]

为了将所学知识与实践相结合，锻炼自己，我到××律师事务所进行了为期三个月的顶岗实习。实习期间，我遵守单位纪律，服从工作安排，积极完成律师交办的工作，在律师的指导下，初步掌握了律师事务所的运作程序、律师的办案过程及技巧，弥补了自己知识上的不足，增长了社会见识，对学习和运用法律有了一个全新的认识。

××律师事务所是一家综合性律师事务所，拥有一个高素质的法律精英团队，并在多个领域有着丰富的经验和突出的成绩。我之所以选择××律师事务所，是因为该所涉及的法律面较宽、实践性较强，而且取得了令我向往的成就。

我的实习目的有四个：一是通过实习，将在大学期间所学的理论与法律实践相结合，巩固知识，发现不足，以求积累经验、指导学习；二是通过实习，培养独立发现问题、分析问题和解决问题的能力；三是通过实习，锻炼社会适应能力和人际交往能力；四是通过实习，树立正确的法律人观念和法律人思维。

我的具体实习计划如下：① 熟悉律师事务所的各项管理制度；② 熟悉与律师业务相关的法律法规及律师执业纪律；③ 熟悉律师事务所的业务来源、执业范围和执业环境；④ 掌握一般办公技能；⑤ 与律师接触和沟通，虚心接受指导；⑥ 整理卷宗，查找资料，撰写法律文书；⑦ 协助律师接待当事人，组织证据，开庭；⑧ 不断充实专业知识；⑨ 请实习单位出具实习鉴定；⑩ 整理实习记录，撰写实习报告。由于在实习之前我就明确了实习目标并制订了具体的实习计划，所以在实习过程中我有的放矢，在完成一般事务性工作的基础上，积极主动寻找锻炼机会，得到了许多律师的指点与帮助。在短暂而又充实的三个月实习过程中，我的认知水平有了明显的提升，业务能力也有了较大的提高。具体收获如下：

第一，通过整理卷宗，熟悉了律师办案的整个流程和司法程序。整理卷宗几乎是每个法学专业的实习生都要做的事。在安顿好之后，我接到的首要任务就是整理卷宗。这件工作看似简单，其实在刚接触时还是需要花一些时间去熟悉和掌握的。比如，装订次序就和办案流程紧密相关，也和司法程序相对应。以民事卷宗为例，律师承办案件首先要有律师事务所的批单，然后与当事人签订委托代理协议，取得授权委托书；其次是根据案情撰写起诉书、上诉书或者答辩状；再次是组织调查以形成证据，包括谈话笔录、证人证言和书证物证；最后再综合形成律师代理词。如果这个案件是法院已受理或者已结案的，则还需要出庭通知书、举证通知书、判决书、裁定书等法院材料。因此，只要

[1] 本案例在遵循作者原意的基础上，做了必要的文字处理。

认真和细心，通过整理卷宗就可以了解、熟悉律师的办案流程及相应的司法程序，这很重要。我并没有因工作的烦琐而不耐烦甚至放弃，相反，我很有兴趣并从中受到启迪。

第二，通过协助律师提供咨询和开庭，获得了实务技巧。虽然这次实习中跟随律师办案的机会不多，但我还是尽量把握。通过观察律师提供咨询的整个过程，学习律师接待当事人的方式和分析问题的思维方式；通过旁听庭审，了解案件的审理过程和律师的辩论技巧、言行举止。有时，我也学习组织证据和记录要点，有问题会随时请教。

第三，通过及时记录实习心得，树立了法律职业敏锐性和法律人思维。律师的工作是严谨和实事求是的，律师的思维是敏锐与辩证的。面对案件，律师根据自身知识和经验往往很快便能着手解决，面对问题的分析讨论，律师更是滔滔不绝，有理有据。我喜欢讨论，更喜欢与律师讨论。我观察律师的临场发挥，通过讨论获取知识、更新知识。为了提高动笔能力和保存有益信息，我习惯将所见所闻所思记下来，有时也展开分析，这是为了树立法律职业敏锐性和法律人思维。比如，实习期间，我对证据规定、审判委员会、法院开庭等问题进行了思考，并写下了自己的分析。我发现对法律的掌握和运用确实很有趣。

第四，认识到非诉讼业务在法律行业具有很好的发展前景。律师事务所的业务有诉讼和非诉讼两种类型，而随着社会经济的迅速和多元化发展，非诉讼业务已成为越来越多律师事务所的主要业务组成部分和市场发展方向。××律师事务所与金融机构、大中型企业集团建立了长效的合作机制，为其提供合同起草与审查、土地使用权转让、国有资产管理、股票证券、银行业务、企业破产、法律顾问等非诉讼服务，这些项目的标的往往都很大。

第五，认识到专业化在行业竞争中的重要性。虽然××律师事务所是一家综合性的律师事务所，但其每一位律师都是某一特定领域的能手，他们可根据需要随时组成不同专业领域的律师工作团队，为客户提供特定领域的专业化法律服务。这提醒我，对未来职业发展方向的选择要尽早明确，因为只有明确目标，通过努力学习掌握过硬的专业知识与技能，才能在未来的竞争和业务工作中占据优势。

第六，认识到法律专业学习需要严谨、辩证与恒心。严谨、辩证的法律人思维在法律专业知识学习中起着重要的作用，而只有以坚持的心态，才能树立信心，取得成功。

第七，及时弥补了自己的不足。实习过程中，在碰到问题时，无论是专业领域的还是非专业领域的，我都会积极查找资料，虚心向律师请教。这个方法同样应该运用到今后的学习中，这对提高自己是非常必要的。

第八，学会了为人处世。这次实习还让我懂得了为人处世的态度和方式，那就是既要谦虚好学，又要适当肯定自己。

实践活动

“了解企业优秀文化，提高社会实践能力”主题活动

为了让大学生更深入地了解企业的优秀文化、生产管理、运营方式等，提高大学生的社会实践能力和交际能力，请以班级为单位组织参观××企业的活动。希望此次活动可以开阔在校生的视野，使其了解社会经济的发展动态及就业的严峻性，以利于大学生更好地适应当代社会的发展，了解和适应企业的用人需要。活动流程如下：

（1）由学院或授课教师联系好企业，约定好参观事项。

（2）全体参加人员于指定时间准时在校门口集合，集体乘车至××企业。

（3）听工作人员讲解企业文化、企业的生产管理、企业的市场开拓、参观的注意事项等。

（4）在工作人员的带领下参观各车间的生产流水线，实地考察工艺流程，与一线工人进行交流，了解工人的生产工作及生活状况。

（5）在工作人员的指导下参与流水线工作，体验生产劳动。

（6）在会议室集中，向各部门负责人自由提问，相互交流。

【过程记录】

活动计划
活动关键点
活动难点及解决方案
心得体会

【结果评价】

“了解企业优秀文化，提高社会实践能力”主题活动评价表

评价标准	分值	得分小计	教师评价
活动的前期策划	20		
活动内容的丰富性	20		
活动流程安排的合理性	20		
学生的参与程度	20		
活动的效果和氛围	20		

第六章

志愿服务劳动

第一节 志愿服务概述

名人名言

一个人对人民的服务不一定要站在大会上演讲或是做什么惊天动地的大事业，随时随地，点点滴滴地把自己知道的、想到的告诉人家，无形中就是替国家播种、施肥、垦殖！

——傅　雷

一、志愿服务相关概念界定

（一）志愿者

在中国，志愿者也被称为志愿服务人员、志愿工作者、义工（香港地区）、志工（台湾地区）等。中国大百科全书出版社2014年出版的《中国志愿服务大辞典》将“志愿者”的概念界定为：“为公共利益（public benefits）而自愿且无偿地奉献自己的时间、精力和技能的个人。”而学界则普遍认同和引用丁元竹、江汛清对“志愿者”概念所做的界定：“志愿者（Volunteer）是指那些具有志愿精神，能够主动承担社会责任而不关心报酬的人，或者说是不为报酬而主动承担社会责任的人。”[1]

综合国内外研究情况，广义的志愿者是指具有一定人道主义信念和社会责任感，无偿向社会提供某种服务，并无私从事利他行为的个人、群体和组织；狭义的志愿者是指依托一定的志愿组织，具备一定专业技能和个人专长，自愿、无偿地开展社会公益活动的人。除了具有广义志愿者的一般特性外，狭义志愿者更强调组织性和专业化。当前，

〔1〕丁元竹，江汛清．志愿活动研究：类型、评价与管理［M］．天津：天津人民出版社，2001：2-3.

有关志愿者方面的研究，大多集中于狭义志愿者。

（二）志愿组织

志愿组织是指那些以开展或推广志愿行为、传播志愿精神为业务范围的群体、团队、组织和机构。在公益实践活动中，志愿组织有众多名称，如“志愿者协会”“志愿服务队”“志工中心”“爱心社”等。

国务院于2017年8月22日公布《志愿服务条例》（以下简称《条例》），对志愿服务组织的法律地位、规范管理、活动开展等进行了系统规定。《条例》明确规定，志愿服务组织是指依法成立，以开展志愿服务为宗旨的非营利性组织。

在志愿服务组织的形式方面，《条例》明确规定，志愿服务组织可以采取社会团体、社会服务机构、基金会等组织形式。国家鼓励和支持国家机关、企业事业单位、人民团体、社会组织等成立志愿服务队伍开展专业志愿服务活动，鼓励和支持具备专业知识、技能的志愿者提供专业志愿服务。

根据《条例》的规定，志愿者可以参与志愿服务组织开展的志愿服务活动，也可以自行依法开展志愿服务活动。任何组织和个人不得强行指派志愿者、志愿服务组织提供服务，不得以志愿服务名义进行营利性活动。

志愿组织具有以下几个特征：第一，志愿组织须有一定的组织规程作为其开展利他活动的依据；第二，推广或从事志愿服务的组织类型多元化；第三，志愿组织既包括依法登记注册的志愿组织，也包括未登记注册而从事志愿服务的组织。综上所述，联系我国现阶段志愿服务发展实际，“志愿组织”的概念可表述为非营利的、以公益为目的的、以为社会提供志愿服务和传播志愿精神为业务范围的群体、团队、组织和机构。

（三）志愿服务

《中国志愿服务大辞典》认为，“志愿服务”广义上指造福近亲属以外的他人（个人或团体）或环境的所有活动，狭义上指无偿为非营利机构工作。国内学者也对“志愿服务”概念进行了广泛的研究，其中有代表性的如丁元竹、江汛清在21世纪初就认为“志愿工作（Volunteer Service）是指任何人自愿贡献个人时间和精力，在不为物质报酬的前提下，为推动人类发展、社会进步和社会福利事业而提供的服务”〔1〕。综合词源和国内外对“志愿服务”的界定，本书认为志愿服务是社会成员参与社会建设、改善公共福祉的重要途径，是参与主体自主自愿选择、超越常规经济交换活动领域、以造福他人和社会为目的、具有公益效应的个体性或组织性利他行为，具有“志愿性、无偿性、公益性、组织性”的特征。

大学生志愿服务指的是由全日制在校大学生在正式组织框架下提供的志愿服务。在

---

〔1〕 丁元竹，江汛清. 志愿活动研究：类型、评价与管理［M］. 天津：天津人民出版社，2001：2.

校大学生既包括专科生、本科生，也包括硕士研究生和博士研究生，他们通过高校、志愿组织参与志愿服务。

（四）志愿精神

志愿精神一方面表达志愿服务实践的精神内涵，另一方面体现志愿者的意义世界和人格品质。对“志愿精神”概念的理解可分为四个层面：第一，就志愿精神主体而言，包括个体志愿者和组织志愿者；第二，就志愿服务动机而言，有纯粹利他的公益动机，也有互惠利他的个人动机；第三，就志愿服务志向而言，旨在为良善生活的构建而努力；第四，就志愿精神实质而言，志愿精神是伦理学、政治学、心理学等意义上的伦理精神、公民意识和公共精神的统一。

综合前人的研究成果，本书认为志愿精神是志愿服务主体基于一定的社会责任意识和利他情怀，自愿地、不为报酬而自觉地参与推动人类发展、促进社会进步和完善社区工作的精神，是志愿服务主体思想品德的集中表现，是公民社会的精髓。

大学生志愿精神是大学生志愿者在志愿服务中所体现和弘扬的一种内在精神特质。大学生志愿服务倡导的是“奉献、友爱、互助、进步”的志愿精神。

二、志愿服务的缘起与发展

志愿服务源于19世纪西方国家宗教性的慈善活动，最初主要开展保护孤寡、救助贫民、扶助老弱病残等服务。现代意义上的志愿服务，是指志愿者不以物质报酬为目的，自愿贡献个人的知识、技能、体能或财富，通过各种服务性的行动去实现对社会弱势群体和社会公益事业的支持与帮助，以推动社会道德文明的发展与进步。在我国，志愿服务源于20世纪八九十年代的“学雷锋”活动。

（一）国外志愿服务发展阶段

1. 萌芽阶段

1869年，英国牧师亨利·索利将分散的慈善组织联合起来，在伦敦成立了慈善组织会社。与此同时，友谊社之类的互助组织也大量涌现，到19世纪70年代，参加这种组织的人已经达到400万之多，工人们自己出资建立基金，在他们遇到困难时从中获得帮助。19世纪的英国，教会和工人阶级组织的自助互助团体承担起了救济贫困任务。另外，为避免宗教迫害而从欧洲移民到北美的人为了克服困难，逐步形成了互助的群体精神，这种群体精神深深植根于美国人民之中，并成为一种良好传统，一批具有慈善之心的人士成为最早的志愿者。

2. 发展壮大阶段

从第一次世界大战到20世纪50年代，一系列关于社会福利的法律法规先后在欧美国家通过。实施这些社会福利政策，除了需要有大批具有职业精神的志愿服务工作者外，还需要大量志愿人员参与各项服务，这使政府逐步重视志愿服务。

3. 规范阶段

第二次世界大战后至冷战结束，西方志愿服务逐渐步入专业化、规范化轨道，尤其表现在志愿服务立法、志愿精神传递、志愿者招募等方面。1950年，联合国第一次发表国际社会工作报告，报告指出有46个国家成立了422所社会工作学校，同时西方许多国家的高校设立了社会工作课程，培养专业化的社会志愿服务工作人员。总体来看，西方主要发达国家的志愿组织有着悠久的历史，积累了丰富的经验，伴随着宗教而产生并得到快速发展，尤其是20世纪后期得到了迅猛发展，参与志愿服务已成为一种全球化发展趋势。

4. 深化拓展阶段

进入21世纪以后，西方发达国家志愿服务呈现全民化趋势，志愿服务活动成为西方发达国家加强公民道德教育和维护社会稳定的有效形式，志愿服务体系走向系统化、组织化。这得益于发达国家强有力的法规、政策支持，完善的表彰激励体制，先进的志愿者管理体系和完备的资金筹措机制。

另外，在全球化发展趋势下，国外志愿服务体系不断完善，积极与时代相融合，寻找新的生长点。全球一体化的背景使志愿服务跨地区交流合作成为可能，志愿服务所涵盖的内容有了进一步拓展。志愿服务活动已不再局限于提高公众参与社会活动的意识和能力，而是朝着使公众了解不同的文化内涵和风俗习惯，促进人类和平、稳定发展的国际化合作趋势发展。比较典型的例子是美国志愿服务组织“和平队”，它起源于肯尼迪时代，如今已经成为美国对外传播文化的重要载体。

（二）国内志愿服务发展阶段

1. 以“义务运动”为主要特征的时期

中华人民共和国成立以后，党和政府将现实需要与中国传统文化中蕴含的无私奉献精神关联起来，再结合我党的工作经验，特别是发动群众、走群众路线的光荣传统，开展了一系列带有中国特色的志愿实践义务运动。它的主要特点是党和各级政府的号召成为社会公益事业的主要推动力量，各级政府组织是公益事业的发起者和实施者。一系列义务运动的有效性依赖高度集中的政治经济体制及党在人民群众中的崇高威信，极大地激发了人民的主动性和创造性，促进了国家建设和社会发展。在这些义务运动中，普通民众积极响应党和政府号召，长期坚持参加各种义务活动，民众服务社会的意识得到增强，无私奉献精神也得以弘扬，为中国志愿服务事业打下了良好的群众基础。

同时也应该看到，政府主导下的义务运动违背了现代志愿服务强调的自愿原则，且长期依赖行政手段来推动，使义务运动在一定程度上变成了被动的群众运动，久而久之难免效果不佳。另外，强调公益活动的无偿参与，一方面强化了民众对他人、集体和社会应尽义务的责任感，有利于民众对公民义务与社会责任的正确理解；另一方面也强化了民众对公益事务与金钱不能有任何关联的认识，将回报与公益完全对立起来。这种认知与现代志愿服务理念中权利保障和义务付出是有机并存的思想也存在着一定的冲突。

2. 社区志愿服务迅速发展时期

改革开放以后，人们的观念和政府的职能都发生了转变。一方面，政府大包大揽、行政命令式的管理已备受诟病，其有效性在新的社会条件下也在不断下降，人们对商品经济时代如何开展义务性活动、如何发扬“雷锋精神”都产生了困惑；另一方面，政治经济体制的改革为人们的思想与行为提供了更加广阔的空间，国门的打开更使国外志愿服务的理念与实践经验进入人们的视野之中，生活水平的迅速提高及公民意识的增强又使民众提升自己、服务他人与社会的需求增强。正是在这样的条件下，中国开始了社区志愿服务的探索和尝试。

所谓社区志愿服务，即在政府领导下，发动和组织社区内成员开展互助性的社会服务活动。社区志愿服务从其本源及服务的形式和内容来看，与中华人民共和国成立后开展的义务运动尤其是学雷锋活动有着密不可分的联系。它是反映新的历史条件下，中国基层组织与民众发扬助人为乐的光荣传统，同时借鉴西方社会提倡的自愿、互助、专业服务的现代志愿精神，结合社区生活实际需求，摸索出来的一种新型社会服务形式。社区志愿服务的内容主要集中在生活互助、照顾老弱病残、关心特殊群体等方面。由于它与老百姓的生活息息相关，所以它一直是最受群众欢迎的公益活动，不仅群众基础好，而且现实性、实用性都非常强。社区志愿服务是中国坚持得最好、效果也非常显著的一项公益服务。

3. 志愿服务事业全面发展时期

青年志愿者行动是由共青团中央于1993年下半年发起的，倡导全国青少年自愿且无偿参与各类社会公益活动，其宗旨是“奉献、友爱、互助、进步”。在1993年12月共青团十三届二中全会上，“青年志愿者”这一名词首次出现在官方文本中，并且作为共青团中央实施跨世纪青年文明工程的一项重要内容，被写进了《在建立社会主义市场经济体制进程中我国青年工作战略发展规划》。更引人注目的是，1993年12月5日，北京志愿者协会正式成立，这是全国范围内第一家省级志愿者协会。1994年12月，中国青年志愿者协会成立，它是由自愿从事社会公益事业与社会保障事业的各界青年组成的全国性社会团体，随后全国各省级协会也逐步建立起来，志愿组织管理网络逐步形成。中国现代志愿服务活动如火如荼地展开。这一时期的发展特色在于青年志愿者行动与奥运志愿服务两方面相辅相成，成就了中国志愿服务事业的第一个辉煌。

20世纪90年代中期至2008年北京奥运会成功举办，中国的志愿服务事业实现了前所未有的跨越式发展，志愿服务的三大领域（社区服务、青年志愿者行动及大型项目志愿服务）都取得了长足的进步。在这一阶段，中国的志愿服务队伍急剧扩大，志愿服务组织如雨后春笋般涌现，民众参与志愿服务活动的热情空前高涨，志愿精神和志愿理念在全社会得到了前所未有的宣传和弘扬。截至 2021 年 10 月 30 日，中国注册志愿者总人数已经达到 2.17 亿人，累计志愿服务时长达 16.14 亿小时。

这一阶段，社会志愿服务的行政化特点比较突出。所有大型的志愿项目运作都由政府主导，依靠行政渠道动员，依赖行政手段推动，也由政府所属部门或机构进行管理并主持评价。

4. 志愿服务平稳发展时期

2008 年之后，中国民众对志愿服务的认可度和支持度有了明显提高，志愿主题网站不断涌现，与志愿者的注册管理、培训激励、权益保障等相关的政策也在不断制定与完善中，志愿服务走上了平稳、成熟的发展轨道。各级政府部门、人民团体、企业事业单位、社区、学校、非营利组织纷纷组建自己的志愿服务队伍，积极参与各类志愿服务活动。尤其是较发达地区政府对志愿服务给予了高度重视，如北京市、广东省等都将志愿服务列入了政府的工作规划，制定了志愿服务发展目标。不仅志愿服务队伍的种类不断增加，吸引了各行业、各阶层的志愿者参加，而且志愿服务队伍也逐步开始向专业化转型，涌现了一批服务品牌。据共青团中央青年志愿者工作部统计，截至 2021 年年底，中国 14 至 35 岁注册志愿者已超过 9 000 万人，他们活跃在扶贫开发、助老扶幼、社区建设、环境保护、大型活动、抢险救灾、海外服务等多个领域。

与此同时，志愿服务的机构组织建设和制度建设也取得了重要进展。2008 年，中央文明委发布《关于深入开展志愿服务活动的意见》，要求在中央文明委领导下，成立由中央文明办牵头，民政部、全国总工会、共青团中央、全国妇联、中国科协、中国残联、中国红十字总会和全国老龄办共同参加的全国志愿服务活动协调小组，为规划和指导全国志愿服务队伍建设提供了协调工作机制。民政部门、共青团、工会、妇联、红十字会等经过多年探索和努力在各自组织体系内形成了志愿服务工作网络。目前，全国绝大部分省（自治区、直辖市）及部分副省级城市颁布实施了志愿服务条例或办法，部分地区还制定了志愿行为的奖励制度，明确表示志愿者在公务员录用、高校招生、企业招工等方面享受优惠，深圳、上海等地还开始了政府购买志愿服务项目的尝试。

三、大学生志愿服务现状

改革开放以来，大学生志愿服务紧跟时代步伐，经历了从无到有、从形式单一到百花齐放、从缺乏经验到走向国际的发展历程，在观念、组织、形式、体制等方面不断开拓创新，走出了一条中国特色志愿服务发展道路。

（一）大学生志愿服务成效显著

越来越多的大学生自发加入志愿服务队伍，积极参与志愿服务，成为我国志愿服务事业的主力军。改革开放以来，大学生志愿服务内容和形式随着社会基本矛盾的变化、经济的发展、价值观念的转变而不断创新发展，深入政治、经济、文化、社会、生态等各领域全面发展，为政治稳定、经济发展、文化繁荣、民族团结、人民幸福、社会安宁、国家统一做出了突出贡献，取得了显著的成就。大学生志愿服务组织的管理者认为，大学生志愿服务在社会服务、环境保护、社会公益服务、“两项计划”和服务新农村方面成效显著。

（二）大学生志愿服务特色鲜明

1. 以共青团为基础的大学生志愿服务组织机制日益完善

共青团依托志愿者协会等社会组织逐步制定和完善志愿服务的规章制度，在工作机制、管理办法等方面形成了强有力的组织体系。其领导下的志愿服务工作朝三个方向发展：一是完善体制机制，建设好志愿服务队伍，利用“官方”资源优势，打造好品牌志愿服务活动；二是探索建立“半民间”的青年志愿服务队伍；三是整合社会资源，为非营利性和公益性组织搭建平台。

2. 大学生志愿服务呈现出多层次、多方位的特点

第一，大学生志愿服务覆盖领域日益广泛。大学生志愿服务从过去单一的社区“一助一”，发展形成了扶贫开发、社区建设、大型活动、环境保护、海外服务、抢险救灾六大领域，内涵广泛，形式多样，具有鲜明的时代特征。

第二，大学生志愿服务的形式更加多样化。大学生志愿者走进社区、敬老院关怀老人，抚慰人心；走进西部山区支教，关注贫困地区儿童的教育问题；走进农村开展精准助农，推进乡村农业经济发展，助力国家精准脱贫；走出国门，积极参与“一带一路”建设，在国际舞台上弘扬中华优秀传统文化，勇于为中国发声；等等。

3. 大学生志愿服务呈现出以思想政治教育为依归的特点

职业院校可以利用志愿服务这一思想政治教育阵地，使思想政治教育更具时代性，更有吸引力、说服力和感召力。志愿服务不但成为大学生参与社会实践、服务社会的重要途径，也成为党和国家实现育人目标的重要载体。近年来，政府和社会各界精心策划并认真组织各项志愿服务活动，充分激活了志愿服务活动中的思想政治教育因子，将思想政治教育融入志愿服务活动之中，使其贴近时代发展，提升了教育的效果。在新冠肺炎疫情期间，许多大学生积极响应学校倡议参与志愿服务活动，通过志愿服务，他们受到了感染和熏陶，树立了作为时代新人的社会责任意识和奉献意识。大学生志愿服务也带来了良好的社会效果，有效地达成了学校思想政治教育的育人目标。

四、大学生志愿服务的育人功能

当前，大学生已逐渐成为中国青年志愿服务的主力军。他们深入社会基层，投身于公益服务，参与社会建设，在扶贫开发、社区建设、环境保护、大型活动、海外服务、抢险救灾等领域发挥了重要作用，传播、弘扬了社会主义核心价值观。大学生志愿者用行动证明青春力量，诠释人生价值，引领成长方向。志愿服务对青年学生成长成才具有重要影响，对新时代职业院校人才培养具有重要作用。

（一）涵养家国情怀

爱国主义是中华民族最深厚的历史情感、最深沉的民族禀赋，是激励全国人民众志成城投身于民族复兴大业的精神支柱。然而，部分青年学生受西方社会思潮的影响，不能科学认识国家发展现状与方向，不能理性比较中西方发展差异与趋势，甚至在重大是非问题上还不够清醒和坚定。志愿服务活动是厚植家国情怀、弘扬爱国精神的重要载体。习近平总书记在全国高校思想政治工作会议上指出，高校学生支教、送知识下乡、志愿者行动等活动，都展现了学生的风貌和服务社会、报效祖国的情怀。许多学生正是在这样的社会实践和社会活动中树立了对人民的感情、对社会的责任、对国家的忠诚。

1. 有助于加深与人民群众的亲切关系

因为长期在学校学习成长，大学生群体总体上缺乏在复杂社会环境中的历练，与广大人民群众特别是困难群众的直接接触很少，谈及人民多是模糊的、感性的或概念式的。走到志愿服务活动的一线，他们与群众的接触面更广了、黏合度更高了。这时候，他们发现人民是鲜活的、具象的、亲切的，人民就是为了美好生活不断努力拼搏的现实奋斗者。

2. 有助于进一步认清自身肩负的社会责任

广大青年学子满怀梦想和热情，加入志愿服务行列，通过丰富而真切的社会实践活动加深了对人生价值的理解。回顾近代以来中华民族的奋斗史诗，再踩着乡村小道的泥土，淋着社区房檐的雨水，他们才能深刻理解国家前行中的步步艰难和无可阻挡的复兴大势，才能明白“青年强则国家强”的真正意义，才能守正本心、矢志不渝地奋斗，书写新时代爱国主义的青春华章。

3. 有助于进一步增进对国家的感情

投身于包括志愿服务在内的实践活动之前，大学生谈到国家多想起国家标志、领土主权、国际形象等，会觉得自己是遵循者或远观者，缺少切肤的真切感。实地了解到具象的国家建设发展情况，特别是直接面对、直接参与解决脱贫攻坚、生态环保、群众诉求等现实问题时，大学生发现自己所想所做即是国家战略部署。大学生投身于志愿服务，能够充分感受民族复兴使命，感受国家建设发展脉动，领悟伟大祖国的过往和未来。

（二）培养奋斗精神

奋斗是中华民族的优秀品格，也是习近平总书记号召广大青年学子参与新时代中国特色社会主义建设，实现中国梦最接地气、最聚人心的动员。习近平总书记在不同场合多次强调“新时代是奋斗者的时代”“奋斗的青春最美丽”。大学是人生中最珍贵的青春年华，在这个成长成才的关键期，通过志愿服务培养奋斗精神至关紧要。

1. 志愿服务有助于激发奋斗动力

发现、思考和解决难题是志愿服务工作的常态。大学生深入街道社区、乡镇农村、山野田间，在调查访谈、科普推广、法律援助、环保宣教、扶贫助困等领域，直接与不同阶层群体接触交流，能够直面困难群众最现实、最直接的矛盾与难题，有助于激发刻苦学习知识、深入研究问题、探索解决难题的奋斗动力。

2. 志愿服务有助于锤炼奋斗意志

青年人的成长和发展离不开生活的磨砺，中国自古就有天降大任必先“苦其心志，劳其筋骨，饿其体肤，空乏其身，行拂乱其所为”的至理名言。大学生从事志愿服务会直接面临多重困境，如服务对象的需求难以实现，受助方的要求超越了志愿服务的范畴，志愿者的善意被误解，等等。经过困境的考验和实践的磨砺，锻造坚忍不拔的意志，会让大学生终身受益。

3. 志愿服务有助于增强挫折承受力

当代大学生大多出生于21世纪初，生活在相对安逸的环境中，较少经历过大的挫折和磨砺。然而，人生道路不可能永远一帆风顺，如果缺乏坚强的意志，就难以在日趋激烈的市场竞争中立足。因此，作为社会主义事业接班人的大学生，需要具有不怕失败、越挫越勇的抗挫精神和坚强的意志，正视成长过程中遇到的各种困难，勇于承担起国家富强、民族振兴、人民幸福的历史重任。

4. 志愿服务有助于承担责任和义务

大学生志愿者参加志愿服务活动，积极关注国家和民族的发展，为他人和社会提供服务与帮助，为社会进步和社会公益事业做出自己的贡献，这表现出大学生作为公民承担起了对社会的责任和义务，展示出了现代公民所应具有的爱国意识、责任意识、参与意识等。大学生志愿者服务社会的行为为社会其他群体做出了榜样，向社会传递着正能量，对社会公众产生了示范、带动作用，感召人们以自己的方式服务社会，承担对社会应尽的责任。

（三）弘扬优良品德

1. 养成无私奉献的精神和乐于助人的品德

大学生处于世界观、人生观和价值观形成的重要时期，具有很强的可塑性。在多元文化的影响下，大学生的价值取向呈现出多样化发展的趋势，部分大学生形成了追求个人利益、贪图享乐的价值观，影响到自身的健康成长。而志愿服务活动的本质特征是无私奉献和乐于助人，大学生志愿者在参加志愿服务活动的过程中受到感染和教育，能够逐渐养成无私奉献的精神和乐于助人的品德。

2. 培养创新思维和改革精神

大学生志愿服务是培养大学生创新思维和改革精神的重要载体，是理论与实践相结合、学习与锻炼并存的活动。生活在改革开放和文化多样化时代的大学生，接触了丰富的新知识和新观念，思维活跃，敢于创新。大学生志愿者在开展志愿服务过程中，服务环境复杂多变，服务内容不尽相同，服务对象也经常变化，他们会遇到各种各样的问题。在这种情况下，大学生志愿者的积极性被充分调动起来，他们容易打破思维定式，激发创新能力，产生创造性成果。

3. 培养协作精神和人际交往能力

在科技高度发达、跨文化交际日益频繁的当今社会，许多工作都需要众多人的团结协作才能完成。作为一种群体性活动，大多数志愿服务工作都需要多人共同参与，相互协作。志愿服务的这种群体性特质，有利于培养大学生志愿者的协作精神和人际交往能力。

4. 树立崇高的理想信念和正确的价值观

在多元文化思潮的冲击下，当代大学生出现了马克思主义理想信念动摇和主流价值观形成受阻的现象，大学生理想信念教育面临着前所未有的挑战。志愿服务所蕴含的无私奉献、乐于助人的理念和精神与社会主义核心价值观的价值导向是一致的，因此它逐渐成为大学生理想信念教育的有效载体。在志愿服务过程中，大学生志愿者通过为他人奉献的服务活动，逐渐树立起共产主义理想信念和集体本位的社会主义核心价值观。

（四）强化综合能力

根据马克思主义关于人的自由而全面发展理论，大学生从事志愿服务不仅情感、态度和价值观会发生改变，而且知识结构、实践能力、社会化发展等方面也都会发生正向变化。

1. 深化理论知识

大学生志愿服务本身是一种实践教学，是让大学生将自身掌握的理论知识运用于分析和解决现实社会问题，再通过解决问题习得新的理论知识的过程，是学校理论教育教学的有益补充。随着社会群体的不断分化，大呼隆式的活动已不符合新时代志愿服务工作的要求，精准服务成为大势所趋，这就促使学校更加重视大学生相关理论和专业知识的学习及创新创造能力的培养。华北电力大学“沼气蓬勃”公益创业项目、安徽师范大学“蒲公英环保学校”幼儿环保教育公益项目、厦门大学“手望”手语志愿翻译服务项目等优秀志愿服务项目，都是专业理论知识与实践相结合的生动缩影。

2. 锻炼实践能力

理论的价值在于指导实践，否则就仅是“空头理论”。志愿服务是培养大学生实践能力的有力平台，是理论知识具体运用的有效载体。志愿服务项目设计、组织和执行、成效评估与改进等，就是大学生发挥主观能动性进行具体实践操作的过程，发挥着锻炼大学生的语言表述、文字表达、调查研究、沟通协作、组织管理等多方面能力的作用。

3. 提高个人能力

进入21世纪以后，大学生志愿服务活动领域不断扩展，在国家政治生活和社会重大活动中都发挥了积极的推动作用。在参加不同形式的志愿服务活动中，大学生志愿者积累了各种服务经验，服务水平不断提高，逐渐具备了在志愿服务中应对各种复杂情况的能力。与此同时，大学生志愿者也积极利用志愿服务这一平台，实现了从理论知识到实践技能的转化，个人能力也在服务实践中逐步提高。

4. 促进社会化发展

社会化是指个体在特定的社会文化环境中，由自然人向社会人转变的过程。志愿服务为大学生与社会相互作用提供了介质和条件，促进大学生与社会的双向互动，能助益大学生健全人格，帮助大学生成为社会人。

第二节　志愿服务的类型与实践途径

名人名言

劳动受人推崇。为社会服务是很受人赞赏的道德理想。

——杜　威

志愿服务的类型多种多样，有学者根据以往的研究，将志愿服务的类型归纳成五种：社会服务（如访问敬老院）、因某种原因受雇（如为某一环保组织工作）、在贫困地区支教或提供培训（如在一个来自贫困家庭孩子的夏令营工作，或向城市内部的一些小联盟团队提供员工培训）、在非贫困地区提供教学或教练工作（如在一所小学担任教师助理，或在郊区足球队担任教练）、功能性工作（如笼统性工作、整理档案、架设书架、打电话募集慈善捐款）。

根据中国志愿服务网对志愿服务的分类，志愿服务包括社区服务、扶贫减贫、支教助学、卫生健康、法律服务、环境保护、科技科普、文化艺术、平安综治、文明风尚、交通引导、志愿消防、应急救援、禁毒宣传、体育健身、旅游服务、关爱特殊群体、大型活动、海外志愿服务、税收服务、疫情防控等类别。本节主要介绍社区与帮扶服务、支教与助学服务、环境与治理服务、文体与科普服务、急救与应急服务及其他类型的志愿服务。

一、社区与帮扶服务类

（一）概述

社区作为现代社会生活的基本单元，承载着人的衣食住行、社会生产和交往等各类活动。社区志愿服务是志愿服务组织和志愿者个人自愿用自身的时间、技能等资源，在社区为居民和社会公益事业提供帮助或服务的行为。

按照“居民所需，志愿者所能”的原则，青年志愿服务进社区的服务对象包括老年人、未成年人、外来务工人员及其子女、就业困难人员、残疾人、低收入家庭等，重点为社区空巢老人、残疾青少年、低保户和低保边缘户中的农村留守儿童和新居民子女、服刑人员的未成年子女等困难群体提供服务；服务领域包括扶贫助困、优抚助残、敬老扶幼、便民服务、治安巡逻、医疗保健、文化教育、环境卫生、社区矫正、科普咨询、法律援助及其他社区公益性服务，突出在新时代文明实践、爱国卫生运动、农村人居环境整治、垃圾分类等领域进行有效探索。

（二）志愿者要求

第一，具有完全的民事行为能力、民事责任能力。

第二，乐于奉献，热爱志愿服务等公益事业，能够利用双休日、节假日及日常业余时间参与公益活动。

第三，身体健康，具有吃苦耐劳精神，自愿参加社区志愿服务，自觉按照社区工作安排开展志愿服务。

第四，遵纪守法，无违纪行为，服从安排，具有较强的社会公德意识。

第五，有志愿服务活动实践经验者优先。

（三）案例

南京师范大学“不再菇独”阳光助残志愿服务项目

发起方：南京师范大学。

开始时间：2012 年 11 月。

项目目标：通过设计菌菇康复训练课程，打造蘑菇庄园体验坊，助力自闭症患者融入社会。在为社会人士提供有偿种植体验业务、引导公众关爱自闭症患者的同时，积极探索自我造血模式，推动项目可持续发展。

志愿者来源：南京师范大学创行团队。

服务内容：项目团队在教授的指导下，为自闭症患者设计菌菇康复训练课程，并与社区合作开展农社对接的销售模式。同时，建立蘑菇庄园体验坊，让自闭症患者在其中担任种植导师、导游和讲解员，与社会人士有更多的接触与互动。菌菇销售和蘑菇庄园的利润用于维持康复机构的运作、减轻自闭症患者家庭的负担。

二、支教与助学服务类

（一）概述

党的十九届五中全会开启了全面建设社会主义现代化国家新征程，勾画了2035年九大远景目标和“十四五”规划的十二项重点任务的美好蓝图，明确提出“建成文化强国、教育强国、人才强国、体育强国、健康中国，国民素质和社会文明程度达到新高度，国家文化软实力显著增强”，并强调要“深入实施科教兴国战略、人才强国战略、创新驱动发展战略”，全面塑造发展新优势。

习近平总书记在给河北保定学院西部支教毕业生群体代表的回信中表示，你们响应国家号召，怀着执着的理想，奔赴条件艰苦的西部和边疆地区，扎根基层教书育人，十几年如一日，写下了充满激情和奋斗的人生历程。你们的坚守、你们的事迹，令人感动。习近平总书记指出，多年来，一批批有理想、有担当的青年在西部地区辛勤耕耘、默默奉献，为当地经济社会发展、民族团结进步做出了贡献。

习近平总书记强调，同人民一道拼搏、同祖国一道前进，服务人民、奉献祖国，是当代中国青年的正确方向。好儿女志在四方，有志者奋斗无悔。希望越来越多的青年人到基层和人民中去建功立业，让青春之花绽放在祖国最需要的地方，在实现中国梦的伟大实践中书写别样精彩的人生。

（二）志愿者要求

第一，具有一定的执行力。

第二，具有良好的心理素质，能够吃苦耐劳。

第三，具有良好的沟通能力。

第四，具有精确的学科知识。

第五，富有同理心。

（三）案例

清华大学“助梦1+1”西部支教助学志愿服务项目

发起方：清华大学研究生支教团。

开始时间：2014年9月。

项目目标：“助梦1+1”是旨在帮助西部学子实现教育梦、人生梦的教育扶贫助学计划。项目根据实际需要，为贫困学生提供一位长期的资助者、指导者和陪伴者，以资金、物资助学和人生发展引导的帮扶方式，帮助西部地区的贫困学生顺利完成学业，助力个人发展。

志愿者来源：清华大学在读研究生。

服务内容：项目团队引入社会帮扶资源，为贫困学生匹配一对一“助梦导师”，向学生提供资金、物资和人生发展引导的帮助。助梦导师向资助学生提供持续三年的固定金额助学金，与学生进行定期交流，为学生答疑解惑，帮助学生开阔视野，树立远大理想。

三、环境与治理服务类

（一）概述

随着经济的发展和社会的进步，人们对生活环境的关注日益密切。全球变暖、大气污染、水资源短缺、城镇周围垃圾成灾、许多物种灭绝等大量环境问题，对人们生活的影响越来越大。环境质量的下降，提示人们要爱护生态，保护环境。只有人类与自然和谐相处，我们的生活才能更加美好，我们的社会才能持续发展。

为进一步做好新形势下环境管理工作，动员社会力量参与环保事业，有效增强公众的生态环保意识，提高公众参与环保的积极性，让公众更多地了解环保、支持环保、参与环保，形成环保领域的全民共治格局，需要开展环境与治理相关志愿服务。

（二）志愿者要求

第一，身体健康，有一定的志愿服务时间和精力。

第二，自愿加入志愿服务团队，服从统一安排，积极参加培训，无偿参与环保志愿服务活动。

第三，热爱环保公益事业，关心、支持环保工作，具有较强的团队精神和协调能力。

第四，有一定的时间保证，能够按时履行服务承诺。

第五，具有较强的服务意识和奉献精神，具备从事环保志愿服务活动的知识和能力，能够率先践行绿色生活方式，自觉追求环保生活，有教育、环境等相关专业教育背景或从业经验者优先。

（三）案例

河海大学“水净生活·美境江苏”志愿服务项目

发起方：河海大学青年志愿者协会。

开始时间：2015年9月。

项目目标：开展“水环保小讲堂”活动，让学生对水资源、水环保形成基本的认知；开展“河长小助理”活动，通过情景式教学和体验式教学，让学生从书本中走出来，成为小助理，跟随志愿者进行河流观察，学习绘制河流绿地图，更直观地感受身边的水环境；开展“水环保主题展”活动，通过展板讲解、污水处理厂模型观察、净水小实验等来提高学生节水、爱水意识。

志愿者来源：项目运营团队成员均来自河海大学青年志愿者协会，承办方有水文院、水电院、环境院等学院青年志愿者协会，志愿者均为在校本科生、研究生。

服务内容：项目活动主要分为节水和爱水两大主题。在节水——环保课堂宣讲中，创新性地将理论知识与实践活动相结合，将节水环保知识带进社区与小学课堂的同时，也带领小学生参加走访河流活动。在爱水——护水行动中，开展大学生护水行动，积极推动“河长制”的发展。除此之外，活动还围绕秦淮河等水系辐射到河流附近的居住区，全面覆盖河流水环境及河流沿岸生态环境的方方面面，将水环境保护与居民生活有机地结合在一起。

四、文体与科普服务类

（一）概述

文体志愿服务队着眼于倡导文明的生活方式，按照贴近群众、发挥特长、常态化开展服务的原则，积极开展文体进社区、进校园、进企业等形式多样的群众性文体活动，并组织创作一批优秀作品，不断扩大文体志愿服务的影响力和覆盖面，最大限度地调动社会各界的参与热情，逐步提高精神文明建设工作的总体水平。近年来，科普志愿者也在精神文明建设工作方面发挥重要作用。作为科普工作的重要力量，科普志愿者在开展科普宣传、科技咨询、科技培训等科普活动方面发挥了积极作用，推动了公民科学素质建设。

（二）志愿者要求

第一，坚持正确的政治方向，拥护和贯彻党的基本理论、路线和方针政策。

第二，热心精神文明建设，熟悉网络宣传工作，具备较好的思想文化素质和文字写作能力。

第三，服从组织分配，志愿参加文化宣传活动，有无私奉献和吃苦耐劳精神。

第四，掌握网络技术和网络传播方法。

（三）案例

大学生创作“童话法庭剧”，开启趣味普法

《丑小鸭》能教会青少年如何面对校园霸凌吗?《三只小猪》与正当防卫能够联系到一起吗? 日前，一组“童话法庭”漫画在网络上传播。晦涩难懂的法律知识变成了趣味十足的童话故事，吸引了不少家长和孩子的目光。据了解，“童话法庭”的创作者是来自扬州大学法学院的“童法同行”公益团队。大学生将童话元素融入普法活动之中，通过童话法庭剧、广播剧、普法绘本形式为青少年开展普法教育活动。

为顺应互联网时代的特点，“童法同行”公益团队推出线下与线上相结合的普法形式。线下，“童法同行”公益团队在学校和社区开展定点普法活动，表演童话法庭剧。另外，他们还关注特殊教育学校，克服视力障碍，为盲童带去以配音形式进行的童话法庭表演；克服听力障碍，为听障儿童带去特制的童话法庭漫画。多样的普法形式，打破了传统普法的单一局面，消除了时间与空间的隔阂，为特殊儿童普法开辟了新道路。

五、急救与应急服务类

（一）概述

深入推进青年志愿者当好应急救援“五员”：应急知识的“普及员”，协助做好应急避险、自救互救等应急知识的宣传普及，不断提高公众安全意识和自救互救能力，加强公益宣传，普及安全知识，培育安全文化；信息报告的“传递员”，协助做好突发事件隐患排查工作，收集上报突发事件有关信息，做好预警信息传递工作；应急救援的“保障员”，根据实际需要，按照“统一组织、统一调配”原则，在确保安全的情况下，以广泛发动团员青年、承担外围服务保障任务为着力点，协助政府有关部门和专业救援队伍做好应急救援工作；灾后重建的“服务员”，协助做好受灾群众集中安置点或隔离点的生活服务、秩序维护、心理疏导等工作；网络引导的“宣传员”，开展网络引导工作，及时、准确地传递权威信息，充分发挥正面引导、释疑解惑、止谣辟谣等作用。

（二）志愿者要求

第一，身体健康，体能良好。

第二，掌握应对各种灾难所需具备的自救和急救知识、常识及技能。

第三，具有良好的心理素质。

第四，具有良好的组织纪律性、时间观念和团队合作意识，遵守法律法规。

（三）案例

中国人民大学应急志愿服务队：心系校园安全，应急与你同行

在中国人民大学的校园内有一支队伍，他们利用课余时间学习应急理论知识，在户外参加应急演习演练。体验式安全教育馆里来了体验参观的人大师生和校外人员，他们就一项一项做着示范和讲解。他们运营名为“RUC应急志愿”的公众号，宣传应急常识。他们因身着蓝色服装，常被称为“蓝精灵”，而他们真实的名字叫作中国人民大学应急志愿服务队。

队员们要学习包括城市搜救、防护侦察、检伤分类、高楼逃生、高空速降、伤员评估、基础生命支持、创伤救护、意外伤害处理、防恐安全、车祸现场救援等在内的20门专业应急救援知识技能的理论与实操课程，并在此基础上接受消防模拟演练、防盗、防诈骗、模拟醉酒体验、院外突发病处置、防狼术等特色科目的培训。

在做好体验式安全教育的同时，团队还建立了线上的应急科普平台——“RUC应急志愿”公众号。只要关注了公众号，就会不定期收到团队成员精心编辑的应急知识信息。在推送信息的选择上，运营公众号的队员也是下了番功夫的，既结合热点事件，也从年轻人经常关注的一些节目入手进行应急科普。

六、其他志愿服务类

（一）扶贫开发项目案例

西北农林科技大学“农情蜜意”扶贫志愿服务项目

发起方：西北农林科技大学创行团队。

开始时间：2010年。

项目目标：项目以秦岭周至县保护区内养殖中华蜂的蜂农为服务对象，依托西北农林科技大学的学科和专业优势，帮助蜂农建立系统的中华蜂养殖和生产体系，开拓土蜂蜜销售市场。在志愿服务中提升蜂农的自主生产与销售能力，帮助其实现可持续增收。

志愿者来源：西北农林科技大学在读本科生。

服务内容：在生产技术方面，帮助蜂农解决长期以来的“烂子病”问题，教授其科学的养蜂技术；通过传授废弃蜂蜡加工成巢的技术帮助蜂农降低生产成本，同时引进更加适合中华蜂养殖的改良版蜂箱，提高蜂蜜产量与质量。在生产机制方面，帮助蜂农建立可持续的自我管理生产机制与生产体系，提高蜂蜜质量。在销售方面，帮助蜂农与秦岭蜂韵等收购商建立长期合作关系；帮助蜂农对蜂蜜进行品牌化包装推广，通过多元化、现代化的宣传推广打开销路，帮助蜂农实现增收。

（二）法律服务项目案例

南京森林警察学院“网络名捕”互联网安全保卫志愿服务项目

发起方：南京森林警察学院团委、信息技术学院。

开始时间：2016 年。

项目目标：项目依托南京森林警察学院信息技术学院的专业优势，为公安机关特别是森林公安机关提供网络舆情监测、犯罪线索信息收集、网络犯罪电子数据检测等专业技术服务。希望通过项目的持续运行，为营造清朗网络空间和平安社会环境、激发高校学生的公益意识、培养学生正义感和社会责任感提供有益助力。

志愿者来源：南京森林警察学院信息技术学院在读学生及本校教师。

服务内容：依托南京森林警察学院的信息技术优势和法律专业知识背景，为公安机关维护社会安全提供专业服务。服务内容主要包括：网络舆情监测，即实时关注和监测网络舆情并向公安机关提供网络舆情监测信息；犯罪线索信息收集，即通过网络搜索监测，将实时获取的违法犯罪的案件线索信息及时转交公安机关；专业网络电子数据检测，即协助警方对犯罪工具及证据，如电脑、应用软件等进行专业数据监测。

拓展阅读

如何参加志愿服务活动？

1. 微信公众号

通过关注一些大型的公众号或者当地的志愿者公众号来获得志愿服务活动信息，如“NGO Jobs”“青年实践行动”“上海志愿者”等。

如果你对某一类弱势群体或者某一类活动感兴趣，也可以关注相应组织的公众号，很多公益组织会定期招募活动志愿者。比如，如果你对音乐节感兴趣，可以关注“摩登新青年”公众号，上面会不定时地公布一些音乐节志愿者招募的信息；如果你对听力障碍人群感兴趣，可以关注“爱的分贝”公众号，上面会有招募走访听障儿童家庭志愿者的信息；如果你对支教感兴趣，可以关注“杉树计划”公众号，上面会定期发布招募支教志愿者的信息。

2. 志愿者网站

你可以在公益网站上搜索志愿服务活动信息，如“中国发展简报”“中国志愿服务网”等。在网站中搜索关键词，如地名、公益活动、志愿组织、服务人群等，就能找到适合自己的公益活动。

3. 志愿服务app

例如，“志愿汇”app，平台会对用户参加过的活动和时长进行统一的记录，也会提供一些不限地域的线上志愿服务活动。

4. 学校青年志愿者协会及其他志愿服务组织

各校的志愿者社团都会对接相应的志愿服务组织。对于大学生来说，最简单、最方便的方式就是加入校级或院级青年志愿者协会及其他志愿服务组织来获得相应的志愿服务信息。

实践活动

“绿色社区——垃圾分类，你我在行动”主题活动

垃圾是放错了地方的资源，垃圾分一分，环境美十分。养成源头垃圾分类的好习惯，对于每一个大学生来说都十分重要。垃圾分类要从身边做起、从点滴做起，大学生要自觉、科学地开展生活垃圾分类，逐步形成垃圾分类及环保意识，养成珍惜资源、节约能源的生活习惯。

请以小组（8—10 人）为单位，组织一次“绿色社区——垃圾分类，你我在行动”的主题活动，形式不限，既可以是垃圾分类专题的知识宣讲，也可以走进社区，践行垃圾分类。要求用照片或短视频等记录活动过程。

【过程记录】

活动计划
活动关键点

活动难点及解决方案
心得体会

【结果评价】

“绿色社区——垃圾分类，你我在行动”主题活动评价表

评价标准	具体内容	分值	得分小计	教师评价
活动方案的策划质量	服务内容	20		
	实施方法	10		
	服务效果	10		
成员分工	是否每个人都分配到了任务	10		
	成员是否都积极参与并完成任务	10		
活动的创新性	—	20		
短视频剪辑质量	—	20		

参考文献

[1] 丁晓昌，顾建军. 新时代大学生劳动教育［M］. 上海：上海交通大学出版社，2021.

[2] 金正连. 劳动教育与素质养成［M］. 北京：中国人民大学出版社，2020.

[3] 张庆远. 苏霍姆林斯基的德育理论与实践［M］. 成都：四川人民出版社，1992.

[4] 鲍里奇. 有效教学方法［M］. 易东平，译. 南京：江苏教育出版社，2002.

[5] 徐国庆. 劳动教育［M］. 北京：高等教育出版社，2020.

[6] 孙家学，耿艳丽，邵珠平. 新时代高校劳动教育通论［M］. 北京：高等教育出版社，2021.

[7] 陈国维. 大学生劳动教育［M］. 北京：高等教育出版社，2020.

[8] 《大学生劳动教育理论与实践教程》编写组. 大学生劳动教育理论与实践教程［M］. 上海：同济大学出版社，2020.

[9] 中共中央宣传部理论局. 新中国发展面对面：理论热点面对面·2019［M］. 北京：学习出版社，人民出版社，2019.

[10] 檀传宝. 劳动教育的概念理解：如何认识劳动教育概念的基本内涵与基本特征［J］. 中国教育学刊，2019（2）：82-84.

[11] 黄婕，刘金库，岳海洋，等. 新时代大学生“德勤技专创”一体化劳动教育体系的建构与实施［J］. 化工高等教育，2021，38（1）：10-13，67.

[12] 李燕萍. 高校在生活垃圾分类中的生态责任及实现路径［J］. 西南林业大学学报（社会科学），2021，5（1）：65-68.

[13] 何宜丽，张雪红. 新冠疫情下书院制高校学困生帮扶实践探究：以南京审计大学润园书院为例［J］. 高校后勤研究，2020（11）：81-83.

[14] 张晶晶. 国际生活技能教育：实践与经验［J］. 工业技术与职业教育，2020，18（3）：22-26.

[15] 余文冲. 以宿舍为阵地的大学生劳动教育实现路径研究［J］. 济南职业学院学报，2020（4）：65-67，99.

[16] 孙昕萌. 垃圾分类融入高校劳动教育的路径研究 [J]. 现代经济信息，2020 (9)：176-177.
[17] 梁光焰. 大学生艺术实践工作坊的现状、本质与趋势：以全国第五届大学生艺术展演艺术实践工作坊为例 [J]. 创新与创业教育，2019，10 (1)：140-144.
[18] 王艳红，赵宏岩，陆亚男. 关于新时代社会劳动实践对中小学生心理健康作用的思考 [J]. 齐齐哈尔师范高等专科学校学报，2020 (1)：15-17.
[19] 许磊，陈继文，王欢. 大学生学业获得感的测量：基于多维心理结构的分析 [J]. 江汉大学学报（社会科学版），2021，38 (3)：99-107，127.
[20] 姚本先. 劳动教育的心理健康促进价值 [J]. 江苏教育，2021 (8)：1.
[21] 王蕊. 劳动教育推动学生心理健康发展 [J]. 江苏教育，2020 (72)：49-51.
[22] 仲理峰. 心理资本研究评述与展望 [J]. 心理科学进展，2007，15 (3)：482-487.
[23] 赵癸萍. 大学生学风教育研究 [D]. 武汉：武汉大学，2017.
[24] 姚博. 思想政治教育视域下大学生劳动教育研究 [D]. 重庆：重庆工商大学，2013.
[25] 靳娟娟，俞国良. 心理健康教育为全面发展教育提供保障 [N]. 中国社会科学报，2020-07-02 (5).
[26] 胡启明，洪润文. 以志愿服务活动推进劳动教育 [N]. 广西日报，2020-07-02 (6).
[27] 陈宝生. 全面贯彻党的教育方针　大力加强新时代劳动教育 [N]. 人民日报，2020-03-30 (12).

附 录

附录 1
中共中央　国务院
关于全面加强新时代大中小学劳动教育的意见

（2020 年 3 月 20 日）

为构建德智体美劳全面培养的教育体系，现就加强新时代大中小学劳动教育提出如下意见。

一、充分认识新时代培养社会主义建设者和接班人对加强劳动教育的新要求

（一）重大意义。劳动教育是中国特色社会主义教育制度的重要内容，直接决定社会主义建设者和接班人的劳动精神面貌、劳动价值取向和劳动技能水平。长期以来，各地区和学校坚持教育与生产劳动相结合，在实践育人方面取得了一定成效。同时也要看到，近年来一些青少年中出现了不珍惜劳动成果、不想劳动、不会劳动的现象，劳动的独特育人价值在一定程度上被忽视，劳动教育正被淡化、弱化。对此，全党全社会必须高度重视，采取有效措施切实加强劳动教育。

（二）指导思想。以习近平新时代中国特色社会主义思想为指导，全面贯彻党的教育方针，落实全国教育大会精神，坚持立德树人，坚持培育和践行社会主义核心价值观，把劳动教育纳入人才培养全过程，贯通大中小学各学段，贯穿家庭、学校、社会各方面，与德育、智育、体育、美育相融合，紧密结合经济社会发展变化和学生生活实际，积极探索具有中国特色的劳动教育模式，创新体制机制，注重教育实效，实现知行合一，促进学生形成正确的世界观、人生观、价值观。

（三）基本原则

——把握育人导向。坚持党的领导，围绕培养担当民族复兴大任的时代新人，着力提升学生综合素质，促进学生全面发展、健康成长。把准劳动教育价值取向，引导学生树立正确的劳动观，崇尚劳动、尊重劳动，增强对劳动人民的感情，报效国家，奉献社会。

——遵循教育规律。符合学生年龄特点，以体力劳动为主，注意手脑并用、安全适度，强化实践体验，让学生亲历劳动过程，提升育人实效性。

——体现时代特征。适应科技发展和产业变革，针对劳动新形态，注重新兴技术支撑和社会服务新变化。深化产教融合，改进劳动教育方式。强化诚实合法劳动意识，培养科学精神，提高创造性劳动能力。

——强化综合实施。加强政府统筹，拓宽劳动教育途径，整合家庭、学校、社会各方面力量。家庭劳动教育要日常化，学校劳动教育要规范化，社会劳动教育要多样化，形成协同育人格局。

——坚持因地制宜。根据各地区和学校实际，结合当地在自然、经济、文化等方面条件，充分挖掘行业企业、职业院校等可利用资源，宜工则工、宜农则农，采取多种方式开展劳动教育，避免“一刀切”。

二、全面构建体现时代特征的劳动教育体系

（四）把握劳动教育基本内涵。劳动教育是国民教育体系的重要内容，是学生成长的必要途径，具有树德、增智、强体、育美的综合育人价值。实施劳动教育重点是在系统的文化知识学习之外，有目的、有计划地组织学生参加日常生活劳动、生产劳动和服务性劳动，让学生动手实践、出力流汗，接受锻炼、磨炼意志，培养学生正确劳动价值观和良好劳动品质。

（五）明确劳动教育总体目标。通过劳动教育，使学生能够理解和形成马克思主义劳动观，牢固树立劳动最光荣、劳动最崇高、劳动最伟大、劳动最美丽的观念；体会劳动创造美好生活，体认劳动不分贵贱，热爱劳动，尊重普通劳动者，培养勤俭、奋斗、创新、奉献的劳动精神；具备满足生存发展需要的基本劳动能力，形成良好劳动习惯。

（六）设置劳动教育课程。整体优化学校课程设置，将劳动教育纳入中小学国家课程方案和职业院校、普通高等学校人才培养方案，形成具有综合性、实践性、开放性、针对性的劳动教育课程体系。

根据各学段特点，在大中小学设立劳动教育必修课程，系统加强劳动教育。中小学劳动教育课每周不少于1课时，学校要对学生每天课外校外劳动时间作出规定。职业院校以实习实训课为主要载体开展劳动教育，其中劳动精神、劳模精神、工匠精神专题教育不少于16学时。普通高等学校要明确劳动教育主要依托课程，其中本科阶段不少于32学时。除劳动教育必修课程外，其他课程结合学科、专业特点，有机融入劳动教育内容。大中小学每学年设立劳动周，可在学年内或寒暑假自主安排，以集体劳动为主。高等学校也可安排劳动月，集中落实各学年劳动周要求。

根据需要编写劳动实践指导手册，明确教学目标、活动设计、工具使用、考核评

价、安全保护等劳动教育要求。

（七）确定劳动教育内容要求。根据教育目标，针对不同学段、类型学生特点，以日常生活劳动、生产劳动和服务性劳动为主要内容开展劳动教育。结合产业新业态、劳动新形态，注重选择新型服务性劳动的内容。

小学低年级要注重围绕劳动意识的启蒙，让学生学习日常生活自理，感知劳动乐趣，知道人人都要劳动。小学中高年级要注重围绕卫生、劳动习惯养成，让学生做好个人清洁卫生，主动分担家务，适当参加校内外公益劳动，学会与他人合作劳动，体会到劳动光荣。初中要注重围绕增加劳动知识、技能，加强家政学习，开展社区服务，适当参加生产劳动，使学生初步养成认真负责、吃苦耐劳的品质和职业意识。普通高中要注重围绕丰富职业体验，开展服务性劳动、参加生产劳动，使学生熟练掌握一定劳动技能，理解劳动创造价值，具有劳动自立意识和主动服务他人、服务社会的情怀。中等职业学校重点是结合专业人才培养，增强学生职业荣誉感，提高职业技能水平，培育学生精益求精的工匠精神和爱岗敬业的劳动态度。高等学校要注重围绕创新创业，结合学科和专业积极开展实习实训、专业服务、社会实践、勤工助学等，重视新知识、新技术、新工艺、新方法应用，创造性地解决实际问题，使学生增强诚实劳动意识，积累职业经验，提升就业创业能力，树立正确择业观，具有到艰苦地区和行业工作的奋斗精神，懂得空谈误国、实干兴邦的深刻道理；注重培育公共服务意识，使学生具有面对重大疫情、灾害等危机主动作为的奉献精神。

（八）健全劳动素养评价制度。将劳动素养纳入学生综合素质评价体系，制定评价标准，建立激励机制，组织开展劳动技能和劳动成果展示、劳动竞赛等活动，全面客观记录课内外劳动过程和结果，加强实际劳动技能和价值体认情况的考核。建立公示、审核制度，确保记录真实可靠。把劳动素养评价结果作为衡量学生全面发展情况的重要内容，作为评优评先的重要参考和毕业依据，作为高一级学校录取的重要参考或依据。

三、广泛开展劳动教育实践活动

（九）家庭要发挥在劳动教育中的基础作用。注重抓住衣食住行等日常生活中的劳动实践机会，鼓励孩子自觉参与、自己动手，随时随地、坚持不懈进行劳动，掌握洗衣做饭等必要的家务劳动技能，每年有针对性地学会 1 至 2 项生活技能。鼓励学校（家委会）和社区等组织开展学生生活技能展示活动。学生参加家务劳动和掌握生活技能的情况要按年度记入学生综合素质档案。鼓励孩子利用节假日参加各种社会劳动。家庭要树立崇尚劳动的良好家风，家长要通过日常生活的言传身教、潜移默化，让孩子养成从小爱劳动的好习惯。

（十）学校要发挥在劳动教育中的主导作用。学校要切实承担劳动教育主体责任，明确实施机构和人员，开齐开足劳动教育课程，不得挤占、挪用劳动实践时间。明确学校劳动教育要求，着重引导学生形成马克思主义劳动观，系统学习掌握必要的劳动技能。根据学生身体发育情况，科学设计课内外劳动项目，采取灵活多样形式，激发学生劳动的内在需求和动力。统筹安排课内外时间，可采用集中与分散相结合的方式。组织实施好劳动周，小学低中年级以校园劳动为主，小学高年级和中学可适当走向社会、参与集中劳动，高等学校要组织学生走向社会、以校外劳动锻炼为主。

（十一）社会要发挥在劳动教育中的支持作用。充分利用社会各方面资源，为劳动教育提供必要保障。各级政府部门要积极协调和引导企业公司、工厂农场等组织履行社会责任，开放实践场所，支持学校组织学生参加力所能及的生产劳动、参与新型服务性劳动，使学生与普通劳动者一起经历劳动过程。鼓励高新企业为学生体验现代科技条件下劳动实践新形态、新方式提供支持。工会、共青团、妇联等群团组织以及各类公益基金会、社会福利组织要组织动员相关力量、搭建活动平台，共同支持学生深入城乡社区、福利院和公共场所等参加志愿服务，开展公益劳动，参与社区治理。

四、着力提升劳动教育支撑保障能力

（十二）多渠道拓展实践场所。大力拓展实践场所，满足各级各类学校多样化劳动实践需求。充分利用现有综合实践基地、青少年校外活动场所、职业院校和普通高等学校劳动实践场所，建立健全开放共享机制。农村地区可安排相应土地、山林、草场等作为学农实践基地，城镇地区可确认一批企事业单位和社会机构，作为学生参加生产劳动、服务性劳动的实践场所。建立以县为主、政府统筹规划配置中小学（含中等职业学校）劳动教育资源的机制。进一步完善学校建设标准，学校逐步建好配齐劳动实践教室、实训基地。高等学校要充分发挥自身专业优势和服务社会功能，建立相对稳定的实习和劳动实践基地。

（十三）多举措加强人才队伍建设。采取多种措施，建立专兼职相结合的劳动教育师资队伍。根据学校劳动教育需要，为学校配备必要的专任教师。高等学校要加强劳动教育师资培养，有条件的师范院校开设劳动教育相关专业。设立劳模工作室、技能大师工作室、荣誉教师岗位等，聘请相关行业专业人士担任劳动实践指导教师。把劳动教育纳入教师培训内容，开展全员培训，强化每位教师的劳动意识、劳动观念，提升实施劳动教育的自觉性，对承担劳动教育课程的教师进行专项培训，提高劳动教育专业化水平。建立健全劳动教育教师工作考核体系，分类完善评价标准。

（十四）健全经费投入机制。各地区要统筹中央补助资金和自有财力，多种形式筹措资金，加快建设校内劳动教育场所和校外劳动教育实践基地，加强学校劳动教育设施标准化建设，建立学校劳动教育器材、耗材补充机制。学校可按照规定统筹安排公用经费等资金开展劳动教育。可采取政府购买服务方式，吸引社会力量提供劳动教育服务。

（十五）多方面强化安全保障。各地区要建立政府负责、社会协同、有关部门共同参与的安全管控机制。建立政府、学校、家庭、社会共同参与的劳动教育风险分散机制，鼓励购买劳动教育相关保险，保障劳动教育正常开展。各学校要加强对师生的劳动安全教育，强化劳动风险意识，建立健全安全教育与管理并重的劳动安全保障体系。科学评估劳动实践活动的安全风险，认真排查、清除学生劳动实践中的各种隐患特别是辐射、疾病传染等，在场所设施选择、材料选用、工具设备和防护用品使用、活动流程等方面制定安全、科学的操作规范，强化对劳动过程每个岗位的管理，明确各方责任，防患于未然。制定劳动实践活动风险防控预案，完善应急与事故处理机制。

五、切实加强劳动教育的组织实施

（十六）加强组织领导。在党委统一领导下，各级政府要把劳动教育摆上重要议事日程，出台相关政策措施，切实解决劳动教育实施过程中的重大问题，做好督促落实。省级政府要加强劳动教育工作的统筹协调，明确市地级、县级政府及有关部门加强劳动教育的职责，推动建立全面实施劳动教育的长效机制。

（十七）强化督导检查。把劳动教育纳入教育督导体系，完善督导办法。对地方各级政府和有关部门保障劳动教育情况以及学校组织实施劳动教育情况进行督导，督导结果向社会公开，同时作为衡量区域教育质量和水平的重要指标，作为对被督导部门和学校及其主要负责人考核奖惩的依据。开展劳动教育质量监测，强化反馈和指导。

（十八）加强宣传引导。引导家长树立正确劳动观念，支持配合学校开展劳动教育。加强劳动教育科学研究，宣传推广劳动教育典型经验。积极宣传企事业单位和社会机构提供劳动教育服务的先进事迹。注重挖掘在抗疫救灾等重大事件中涌现出来的典型人物和事迹，大力宣传不畏艰难、百折不挠、敢于担当的高尚品格。鼓励和支持创作更多以歌颂普通劳动者为主题的优秀作品，大力宣传辛勤劳动、诚实劳动、创造性劳动的典型人物和事迹，弘扬劳动光荣、创造伟大的主旋律，旗帜鲜明地反对一切不劳而获、贪图享乐、崇尚暴富的错误观念，营造全社会关心和支持劳动教育的良好氛围。

附录2
教育部关于印发《大中小学劳动教育指导纲要（试行）》的通知

教材〔2020〕4号

各省、自治区、直辖市教育厅（教委），新疆生产建设兵团教育局，有关部门（单位）教育司（局），部属各高等学校、部省合建各高等学校：

为深入贯彻习近平总书记关于教育的重要论述，全面贯彻党的教育方针，落实《中共中央 国务院关于全面加强新时代大中小学劳动教育的意见》，加快构建德智体美劳全面培养的教育体系，我部组织研究制定了《大中小学劳动教育指导纲要（试行）》，现印发给你们，请认真贯彻落实。

教育部

2020年7月7日

大中小学劳动教育指导纲要（试行）

为深入贯彻习近平总书记关于教育的重要论述，全面贯彻党的教育方针，落实《中共中央 国务院关于全面加强新时代大中小学劳动教育的意见》，加快构建德智体美劳全面培养的教育体系，制定本指导纲要。

一、劳动教育性质和基本理念

（一）劳动教育性质

劳动是创造物质财富和精神财富的过程，是人类特有的基本社会实践活动。劳动教育是发挥劳动的育人功能，对学生进行热爱劳动、热爱劳动人民的教育活动。当前实施劳动教育的重点是在系统的文化知识学习之外，有目的、有计划地组织学生参加日常生活劳动、生产劳动和服务性劳动，让学生动手实践、出力流汗，接受锻炼、磨炼意志，培养学生正确劳动价值观和良好劳动品质。

劳动教育是新时代党对教育的新要求，是中国特色社会主义教育制度的重要内容，是全面发展教育体系的重要组成部分，是大中小学必须开展的教育活动。它具有鲜明的思想性，必须将马克思主义劳动观贯彻始终，强调劳动是一切财富、价值的源泉，劳动者是国家的主人，一切劳动和劳动者都应该得到鼓励和尊重；倡导通过诚实劳动创造美好生活、实现人生梦想，反对一切不劳而获、崇尚暴富、贪图享乐的错误思想。具有突出的社会性，必须加强学校教育与社会生活、生产实践的直接联系，发挥劳动在个人与社会之间的纽带作用，引导学生认识社会，增强社会责任感；同时注重让学生学会分工合作，体会社会主义社会平等、和谐的新型劳动关系。具有显著的实践性，必须面向真实的生活世界和职业世界，引导学生以动手实践为主要方式，在认识世界的基础上，获得有积极意义的价值体验，学会建设世界，塑造自己，实现树德、增智、强体、育美的目的。

（二）劳动教育基本理念

1. 强化劳动观念，弘扬劳动精神。将劳动观念和劳动精神教育贯穿人才培养全过程，贯穿家庭、学校、社会各方面。注重让学生在学习和掌握基本劳动知识技能的过程中，领悟劳动的意义价值，形成勤俭、奋斗、创新、奉献的劳动精神。

2. 强调身心参与，注重手脑并用。把握劳动教育的根本特征，让学生面对真实的个人生活、生产和社会性服务任务情境，亲历实际的劳动过程，善于观察思考，注重运用所学知识解决实际问题，提高劳动质量和效率。

3. 继承优良传统，彰显时代特征。在充分发挥传统劳动、传统工艺项目育人功能的同时，紧跟科技发展和产业变革，准确把握新时代劳动工具、劳动技术、劳动形态的新变化，创新劳动教育内容、途径、方式，增强劳动教育的时代性。

4. 发挥主体作用，激发创新创造。关注学生劳动过程中的体验和感悟，引导学生感受劳动的艰辛和收获的快乐，增强获得感、成就感、荣誉感。鼓励学生在学习和借鉴他人丰富经验、技艺的基础上，尝试新方法、探索新技术，打破僵化思维方式，推陈出新。

二、劳动教育目标和内容

（一）总体目标

准确把握社会主义建设者和接班人的劳动精神面貌、劳动价值取向和劳动技能水平的培养要求，全面提高学生劳动素养，使学生：

树立正确的劳动观念。正确理解劳动是人类发展和社会进步的根本力量，认识劳动创造人、劳动创造价值、创造财富、创造美好生活的道理，尊重劳动，尊重普通劳动者，牢固树立劳动最光荣、劳动最崇高、劳动最伟大、劳动最美丽的思想观念。

具有必备的劳动能力。掌握基本的劳动知识和技能，正确使用常见劳动工具，增强体力、智力和创造力，具备完成一定劳动任务所需要的设计、操作能力及团队合作能力。

培育积极的劳动精神。领会“幸福是奋斗出来的”内涵与意义，继承中华民族勤俭节约、敬业奉献的优良传统，弘扬开拓创新、砥砺奋进的时代精神。

养成良好的劳动习惯和品质。能够自觉自愿、认真负责、安全规范、坚持不懈地参与劳动，形成诚实守信、吃苦耐劳的品质。珍惜劳动成果，养成良好的消费习惯，杜绝浪费。

（二）主要内容

主要包括日常生活劳动、生产劳动和服务性劳动中的知识、技能与价值观。日常生活劳动教育立足个人生活事务处理，结合开展新时代校园爱国卫生运动，注重生活能力和良好卫生习惯培养，树立自立自强意识。生产劳动教育要让学生在工农业生产过程中直接经历物质财富的创造过程，体验从简单劳动、原始劳动向复杂劳动、创造性劳动的发展过程，学会使用工具，掌握相关技术，感受劳动创造价值，增强产品质量意识，体会平凡劳动中的伟大。服务性劳动教育让学生利用知识、技能等为他人和社会提供服务，在服务性岗位上见习实习，树立服务意识，实践服务技能；在公益劳动、志愿服务中强化社会责任感。

（三）学段要求

1. 小学

低年级：以个人生活起居为主要内容，开展劳动教育，注重培养劳动意识和劳动安全意识，使学生懂得人人都要劳动，感知劳动乐趣，爱惜劳动成果。指导学生：（1）完成个人物品整理、清洗，进行简单的家庭清扫和垃圾分类等，树立自己的事情自己做的意识，提高生活自理能力；（2）参与适当的班级集体劳动，主动维护教室内外环境卫生等，培养集体荣誉感；（3）进行简单手工制作，照顾身边的动植物，关爱生命，热爱自然。

中高年级：以校园劳动和家庭劳动为主要内容开展劳动教育，体会劳动光荣，尊重普通劳动者，初步养成热爱劳动、热爱生活的态度。指导学生：（1）参与家居清洁、收纳整理，制作简单的家常餐等，每年学会1—2项生活技能，增强生活自理能力和勤俭节约意识，培养家庭责任感；（2）参加校园卫生保洁、垃圾分类处理、绿化美化等，适当参加社区环保、公共卫生等力所能及的公益劳动，增强公共服务意识；（3）初步体验种植、养殖、手工制作等简单的生产劳动，初步学会与他人合作劳动，懂得生活用品、食品来之不易，珍惜劳动成果。

2. 初中

兼顾家政学习、校内外生产劳动、服务性劳动，安排劳动教育内容，开展职业启蒙教育，体会劳动创造美好生活，养成认真负责、吃苦耐劳的劳动品质和安全意识，增强公共服务意识和担当精神。让学生：（1）承担一定的家庭日常清洁、烹饪、家居美化等劳动，进一步培养生活自理能力和习惯，增强家庭责任意识；（2）定期开展校园包干区域保洁和美化，以及助残、敬老、扶弱等服务性劳动，初步形成对学校、社区负责任的态度和社会公德意识；（3）适当体验包括金工、木工、电工、陶艺、布艺等项目在内的劳动及传统工艺制作过程，尝试家用器具、家具、电器的简单修理，参与种植、养殖等生产活动，学习相关技术，获得初步的职业体验，形成初步的生涯规划意识。

3. 普通高中

注重围绕丰富职业体验，开展服务性劳动和生产劳动，理解劳动创造价值，接受锻炼、磨炼意志，具有劳动自立意识和主动服务他人、服务社会的情怀。指导学生：（1）持续开展日常生活劳动，增强生活自理能力，固化良好劳动习惯；（2）选择服务性岗位，经历真实的岗位工作过程，获得真切的职业体验，培养职业兴趣；积极参加大型赛事、社区建设、环境保护等公益活动、志愿服务，强化社会责任意识和奉献精神；（3）统筹劳动教育与通用技术课程相关内容，从工业、农业、现代服务业以及中华优秀传统文化特色项目中，自主选择1—2项生产劳动，经历完整的实践过程，提高创意物化能力，养成吃苦耐劳、精益求精的品质，增强生涯规划的意识和能力。

4. 职业院校

重点结合专业特点，增强职业荣誉感和责任感，提高职业劳动技能水平，培育积极向上的劳动精神和认真负责的劳动态度。组织学生：（1）持续开展日常生活劳动，自我管理生活，提高劳动自立自强的意识和能力；（2）定期开展校内外公益服务性劳动，做好校园环境秩序维护，运用专业技能为社会、为他人提供相关公益服务，培育社会公德，厚植爱国爱民的情怀；（3）依托实习实训，参与真实的生产劳动和服务性劳动，增强职业认同感和劳动自豪感，提升创意物化能力，培育不断探索、精益求精、追求卓越的工匠精神和爱岗敬业的劳动态度，坚信“三百六十行，行行出状元”，体认劳动不分贵贱，任何职业都很光荣，都能出彩。

5. 普通高等学校

强化马克思主义劳动观教育，注重围绕创新创业，结合学科专业开展生产劳动和服务性劳动，积累职业经验，培育创造性劳动能力和诚实守信的合法劳动意识。使学生：（1）掌握通用劳动科学知识，深刻理解马克思主义劳动观和社会主义劳动关系，树立正确的择业就业创业观，具有到艰苦地区和行业工作的奋斗精神；（2）巩固良好日常生活劳动习惯，自觉做好宿舍卫生保洁，独立处理个人生活事务，积极参加勤工助学活动，提高劳动自立自强能力；（3）强化服务性劳动，自觉参与教室、食堂、校园场所的卫生保洁、绿化美化和管理服务等，结合“三支一扶”、大学生志愿服务西部计划、“青年红色筑梦之旅”“三下乡”等社会实践活动开展服务性劳动，强化公共服务意识和面对重大疫情、灾害等危机主动作为的奉献精神；（4）重视生产劳动锻炼，积极参加实习实训、专业服务和创新创业活动，重视新知识、新技术、新工艺、新方法的运用，提高在生产实践中发现问题和创造性解决问题的能力，在动手实践的过程中创造有价值的物化劳动成果。

三、劳动教育途径、关键环节和评价

（一）劳动教育途径

将劳动教育纳入人才培养全过程，丰富、拓展劳动教育实施途径。

1. 独立开设劳动教育必修课

在大中小学设立劳动教育必修课程。中小学劳动教育课平均每周不少于1课时，用于活动策划、技能指导、练习实践、总结交流等，与通用技术和地方课程、校本课程等有关内容进行必要统筹。职业院校开设劳动专题教育必修课，不少于16学时；主要围绕劳动精神、劳模精神、工匠精神、劳动组织、劳动安全和劳动法规等方面设计。普通高等学校要将劳动教育纳入专业人才培养方案，明确主要依托的课程，可在已有课程中专设劳动教育模块，也可专门开设劳动专题教育必修课，本科阶段不少于32学时；课程内容应加强马克思主义劳动观教育，普及与学生职业发展密切相关的通用劳动科学知识，并经历必要的实践体验。

2. 在学科专业中有机渗透劳动教育

中小学道德与法治（思想政治）、语文、历史、艺术等学科要有重点地纳入劳动创造人本身、劳动创造历史、劳动创造世界、劳动不分贵贱等马克思主义劳动观，纳入歌颂劳模、歌颂普通劳动者的选文选材，纳入阐释勤劳、节俭、艰苦奋斗等中华民族优良传统的内容，加强对学生辛勤劳动、诚实劳动、合法劳动等方面的教育。数学、科学、地理、技术、体育与健康等学科要注重培养学生劳动的科学态度、规范意识、效率观念和创新精神。

职业院校要将劳动教育全面融入公共基础课，要强化马克思主义劳动观、劳动安全、劳动法规教育。专业课在进行职业劳动知识技能教学的同时，注重培养“干一行爱一行”的敬业精神，吃苦耐劳、团结合作、严谨细致的工作态度。

普通高等学校要将劳动教育有机纳入专业教育、创新创业教育，不断深化产教融合，强化劳动锻炼要求，加强高等学校与行业骨干企业、高新企业、中小微企业紧密协同，推动人才培养模式改革。专业类课程主要与服务学习、实习实训、科学实验、社会实践、毕业设计等相结合开展各类劳动实践，注重分析相关劳动形态发展趋势，强化劳动品质培养。在公共必修课中，要进一步强化马克思主义劳动观教育、劳动相关法律法规与政策教育。

3. 在课外校外活动中安排劳动实践

将劳动教育与学生的个人生活、校园生活和社会生活有机结合起来，丰富劳动体验，提高劳动能力，深化对劳动价值的理解。

中小学每周课外活动和家庭生活中劳动时间，小学1至2年级不少于2小时，其他年级不少于 3 小时；职业院校和普通高等学校要明确生活中的劳动事项和时间，纳入学生日常管理工作。

大中小学每学年设立劳动周，采用专题讲座、主题演讲、劳动技能竞赛、劳动成果展示、劳动项目实践等形式进行。小学以校内为主，小学高年级可适当安排部分校外劳动；普通中学、职业院校和普通高等学校兼顾校内外，可在学年内或寒暑假安排，以集体劳动为主，由学校组织实施。高等学校也可安排劳动月，集中落实各学年劳动周要求。

4. 在校园文化建设中强化劳动文化

学校要将劳动习惯、劳动品质的养成教育融入校园文化建设之中。要通过制定劳动公约、每日劳动常规、学期劳动任务单，采取与劳动教育有关的兴趣小组、社团等组织形式，结合植树节、学雷锋纪念日、五一劳动节、农民丰收节、志愿者日等，开展丰富的劳动主题教育活动，营造劳动光荣、创造伟大的校园文化。

要举办“劳模大讲堂”“大国工匠进校园”、优秀毕业生报告会等劳动榜样人物进校园活动，组织劳动技能和劳动成果展示，综合运用讲座、宣传栏、新媒体等，广泛宣传劳动榜样人物事迹，特别是身边的普通劳动者事迹，让师生在校园里近距离接触劳动模范，聆听劳模故事，观摩精湛技艺，感受并领悟勤勉敬业的劳动精神，争做新时代的奋斗者。

（二）劳动教育关键环节

各地和学校要注重围绕劳动教育的目标和内容要求，从提高劳动教育的效果出发，把握劳动教育任务的特点，抓住关键环节，选择适宜的劳动教育方式。

1. 讲解说明。围绕劳动为什么、是什么问题，有重点地进行讲解，让学生懂得劳动的意义和价值。加强劳动观念、劳动纪律、劳动相关法律法规的正面引导，指明轻视劳动特别是轻视普通劳动的危害，让学生明辨是非。加强劳动知识技能的讲解，让学生认清事理，掌握实践操作的基本原理、程序、规则，正确使用工具的方法和技术。讲解要与启发思考、示范、练习等结合起来。

2. 淬炼操作。围绕如何做的问题，注重示范与练习，让学生会劳动。强化规范意识，注重从最基本的程序学起，严守规则，避免主观随意。强化质量意识，注重引导学生关注细节，每个步骤、环节都要精准到位。强化专注品质，注重引导学生对操作行为的评估与监控，做到眼到手到心到，有始有终。

3. 项目实践。围绕劳动能力的培养，让学生完成真实、综合任务，经历完整劳动过程。注重劳动价值体认，引导学生从现实生活中发现需求，选择和确定劳动项目。强化规划设计意识，充分发挥学生的主动性、积极性、创造性，引导学生对项目实践进行整体构思，综合运用所学知识、技术，不断优化行动方案。强化身体力行，锤炼意志品质，敢于在困难与挑战中完成行动任务。

4. 反思交流。围绕劳动价值意义的建构，引导学生总结、交流，促进学生形成反思交流习惯。指导学生思考劳动过程和结果与社会进步、个体成长的关联，避免停留在简单的苦乐体验上。组织学生交流分享劳动的体验和收获，肯定具有积极意义的认识，纠正观念上的偏差。将反思交流与改进结合起来，使学生在劳动中获得成长。

5. 榜样激励。围绕劳动的精神追求，树立典型，激发劳动热情。注意遴选、树立多类型榜样，不仅要有大国工匠、劳动模范，还要有身边劳动表现优异的普通劳动者和同学。指导学生从榜样的具体事迹中领悟他们的高尚精神和优良品质。明确要求学生在日常劳动实践中努力向榜样看齐。

（三）劳动教育评价

将劳动素养纳入学生综合素质评价体系。以劳动教育目标、内容要求为依据，将过程性评价和结果性评价结合起来，健全和完善学生劳动素养评价标准、程序和方法，鼓励、支持各地利用大数据、云平台、物联网等现代信息技术手段，开展劳动教育过程监测与记实评价，发挥评价的育人导向和反馈改进功能。

1. 平时表现评价

要在平时劳动教育实践活动中及时进行评价，以评价促进学生发展。要覆盖各类型劳动教育活动，明确学年劳动实践类型、次数、时间等考核要求。关注学生在劳动教育活动中的实际表现，注重从行为表现中分析把握劳动观念形成情况。以自我评价为主，辅以教师、同伴、家长、服务对象、用人单位等他评方式，指导学生进行反思改进。要指导学生如实记录劳动教育活动情况，收集整理相关制品、作品等，选择代表性的写实记录，纳入综合素质档案，作为学生学年评优评先的重要参考。

2. 学段综合评价

学段结束时，要依据学段目标和内容，结合综合素质档案分析，兼顾必修课学习和课外劳动实践，对劳动观念、劳动能力、劳动精神、劳动习惯和品质等劳动素养发展状况进行综合评定。建立诚信机制，实行写实记录抽查制度，对弄虚作假者在评优评先方面一票否决，性质严重的应依法依规严肃处理。在高中和大学开展志愿者星级认证。高中学校和高等学校要将考核结果作为毕业依据之一。推动将学段综合评价结果作为学生升学、就业的重要参考。

3. 开展学生劳动素养监测

将学生劳动素养监测纳入基础教育质量监测、职业院校教学质量评估和普通高等学校本科教学质量评估。可委托有关专业机构，定期组织开展关于学生劳动素养状况调查，注重学生劳动观念、劳动能力、劳动精神、劳动习惯和品质等的监测。发挥监测结果的示范引导、反馈改进等功能。

四、学校劳动教育的规划与实施

（一）整体规划劳动教育

学校是劳动教育的实施主体，应根据国家相关规定，结合当地和本校实际情况，对劳动教育进行整体设计、系统规划，形成劳动教育总体实施方案。方案要明确劳动教育目标内容、课时安排、主要劳动实践活动安排、劳动教育过程组织与指导及考核评价办法等。同时要基于学生的年段特征、阶段性教育要求，研究制订“学校学年（或学期）劳动教育计划”，对学年、学期劳动教育实践活动作出具体安排，特别是规划好劳动周等集中劳动，细化有关要求。使总体实施方案和学年（或学期）活动计划相互配套、衔接，形成可持续开展的劳动教育实施方案。

学校在劳动教育规划时要注意处理以下几个方面的关系：

1. 理论学习和实践锻炼的关系

理论学习和实践锻炼都是劳动教育的必要内容。理论学习重在让学生理解和掌握“劳动创造了人本身”“劳动创造世界”等历史唯物主义基本理论主张以及劳动相关法律、法规、政策，作为行动的指南。实践锻炼重在将所学知识转化为真正有用的实际本领，形成良好的劳动习惯，弘扬劳动精神。规划劳动教育时，要两者兼顾，坚持以实践锻炼为主，切实保证每一个学生都有必要的劳动实践经历，不能只是口头上喊劳动、课堂上讲劳动。要通过学生实践前的计划构想、实践中的观察思考和实践后的反思交流，加深对有关思想理论、法规政策的理解，实现理论学习和实践锻炼的统一。

2. 劳动教育与其他教育活动的关系

在开足专门劳动教育必修课的同时，中小学劳动教育必修课实践环节中与综合实践活动的社会服务、设计制作、职业体验重叠部分，可整合实施。职业院校、普通高等学校劳动教育中学生生产劳动和服务性劳动可以通过专业实习、实训、创新创业等实践环节完成，日常生活劳动可以通过学生管理落实。

3. 劳动的传统形态与新形态的关系

将日常生活劳动教育贯穿大中小学始终。在安排生产劳动和服务性劳动项目时，中小学要以使用传统工具、传统工艺的劳动为主，引导学生体会劳动人民的艰辛与智慧，传承中华优秀传统文化，兼顾使用新知识、新技术、新工艺、新方法的劳动。职业院校、普通高等学校要注重结合产业新业态、劳动新形态，选择现代农业、工业、服务业项目，提升创造性劳动能力。

（二）劳动教育的组织实施

1. 实施机构和人员

学校要建立健全劳动教育组织实施的工作机制。明确主管校领导，设置机构或明确相关部门负责劳动教育的规划设计、组织协调、资源整合、师资培训、过程管理、总结评价等。

要建立专兼职相结合的劳动教育教师队伍。根据学校劳动教育需要，明确劳动教育责任人，进行劳动教育规划、组织实施、评价等，配齐劳动教育必修课教师，保持教师队伍的相对稳定性。要充分发挥教职员工特别是班主任、辅导员、导师的作用，利用少先队、共青团、党组织以及学生社团等各方面的力量，合力开展劳动教育实践活动。充分利用家长及当地人力资源，聘请相关行业专业人士担任劳动实践指导教师。

2. 劳动安全风险防范与管理

学校要把劳动安全教育与管理作为组织实施的必要内容，强化劳动安全意识，建立健全安全教育与管理并重的劳动安全保障体系。

要依据学生身心发育情况，适度安排劳动强度、时长，切实关注劳动任务及场所设施的适宜性。科学评估劳动实践活动的安全风险，认真排查、清除学生劳动实践中的各种隐患。在场所设施选择、材料选用、工具设备和防护用品使用、活动流程等方面制定安全、科学操作规范，强化劳动过程每个岗位的管理，明确各方责任，防患于未然。制定劳动实践活动风险防控预案，完善应急与事故处理机制。要特别关注劳动过程中的卫生隐患，按照疾控、卫生健康部门及行业有关规定，采取相应措施，切实保护学生的身心健康。鼓励购买劳动教育相关保险。

3. 建立协同实施机制

中小学要推动建立以学校为主导、家庭为基础、社区为依托的协同实施机制，形成共育合力。学校要通过家长会、家长学校、社区宣讲、网络媒体等途径，引导家长树立正确的劳动观；明确家长的劳动教育责任，让家长主动指导和督促孩子完成家庭、社区劳动任务；学校要与相关社会实践基地共同开发并实施劳动教育课程。

职业院校、普通高等学校要建立学校负责规划设计，行业企业社会机构主要负责业务指导，双方共同管理的劳动教育实施机制。通过建立劳模工作室、技能大师工作室，设置荣誉教师、实务导师岗位等，多渠道引入社会力量参与学校劳动教育。要联合社会力量，共建共享稳定的劳动实践基地、校外实习实训基地、各类型创新创业孵化平台，多渠道拓展劳动实践场所。

五、劳动教育条件保障与专业支持

地方教育行政部门要切实加强对劳动教育工作的组织领导，明确机构和人员承担区域推进劳动教育的职责任务，切实加强条件保障、专业支持和督导评估，整体提高大中小学劳动教育质量和水平。

（一）条件建设

1. 丰富和拓展劳动实践场所

地方教育行政部门要统筹规划和配置劳动教育实践资源，满足学校多样化劳动实践需求。充分利用现有综合实践基地、青少年校外活动场所、职业院校和普通高等学校劳动实践场所，建立健全开放共享机制，特别是充分利用职业院校实训实习场所、设施设备，为普通中小学和普通高等学校提供所需要的服务。可安排一批土地、山林、草场等作为学农实践基地，确认一批厂矿企业作为学工实践基地，认定一批城乡社区、福利院、医院、博物馆、科技馆、图书馆等事业单位、社会机构、公共场所作为服务性劳动基地。推动学校充分利用校内学习、生活有关场所，逐步建好配齐劳动技术实践教室、实训基地，丰富劳动教育资源。

2. 加强师资队伍建设

要明确劳动课教师管理要求，保障劳动课教师在绩效考核、职称评聘、评先评优、专业发展等方面与其他专任教师享受同等待遇。推动中小学、职业院校与普通高等学校建立师资交流共享机制，发挥职业院校教师的专业优势，承担普通学校劳动教育教学任务。建立劳动课教师特聘制度，为学校聘请具有实践经验的社会专业技术人员、劳动模范等担任兼职教师创造条件。

高等学校要加强劳动教育师资培养，有条件的院校开设劳动教育相关专业。把劳动教育纳入教育行政干部、校长、教师、辅导员培训内容，开展全员培训，强化劳动意识、劳动观念，提升劳动教育的自觉性。对承担劳动教育课程的教师进行专项培训，提高劳动育人意识和专业化水平。

3. 健全经费投入机制

各地要统筹中央补助资金和自有财力，多种形式筹措资金，加快建设校内劳动教育场所和校外劳动教育实践基地，加强学校劳动教育设施建设，建立学校劳动教育器材、耗材补充机制。学校可按照规定统筹安排公用经费等资金开展劳动教育，可采取政府购买服务方式，吸引社会力量提供劳动教育服务。

（二）加强专业研究和指导

1. 加强劳动教育研究与指导

在全国教育科学规划、教育部人文社会科学研究项目中支持劳动教育研究。地方教育行政部门鼓励和支持相关机构设立劳动教育研究项目。设立一批试验区或试验学校，注重开展跟踪研究、行动研究。举办论坛讲座，营造良好学术氛围。

各级中小学教研机构要配备劳动教育教研员，组织开展专题教研、区域教研、网络教研，通过协同创新、校际联动、区域推进，提高劳动教育整体实施水平。鼓励高等学校依托有关专业机构开展劳动教育教学研究。

2. 组织开展劳动教育课程资源研发

基于劳动教育教学的实际需要，省级教育行政部门明确中小学劳动实践指导手册编写要求，体现“一纲多本”，满足不同地区学校的多样化需求，负责组织审查。职业院校可组织编写劳动精神、劳模精神、工匠精神专题读本，由编写院校或委托专业机构进行审查。鼓励学校、学术团体、专业机构等收集整理反映劳动先进人物事迹和精神的影视资料，组织研发展示劳动过程、劳动安全要求的数字资源，梳理遴选来自教学一线的典型案例和鲜活经验，形成分学段、分专题的劳动教育课程资源包，促进优质资源的共享与使用。

（三）督导评估与激励

1. 加强对学校劳动教育实施情况的督查

把劳动教育纳入教育督导体系，完善督导办法。对地方各级人民政府和有关部门保障劳动教育情况进行督导。对学校劳动教育开课率、学生劳动实践组织的有序性，教学指导的针对性，保障措施的有效性等进行督查和指导。督导结果要向社会公开，作为衡量区域教育质量和水平的重要指标，作为对被督导部门和学校及其主要负责人考核奖惩的依据。

2. 建立健全劳动教育激励机制

在国家级、省级教学成果奖励中，将劳动教育教学成果纳入评奖范围，对优秀成果予以奖励。依托有关专业组织、教科研机构等开展劳动教育经验交流和成果展示活动，激发广大教师实践创新的潜能和动力。积极协调新闻媒体传播劳动光荣、创造伟大思想，大力宣传劳动教育先进学校、先进个人。

附录3

中华人民共和国劳动法

（1994年7月5日第八届全国人民代表大会常务委员会第八次会议通过　根据2009年8月27日第十一届全国人民代表大会常务委员会第十次会议《关于修改部分法律的决定》第一次修正　根据2018年12月29日第十三届全国人民代表大会常务委员会第七次会议《关于修改〈中华人民共和国劳动法〉等七部法律的决定》第二次修正）

目录

第一章　总则

第一条　为了保护劳动者的合法权益，调整劳动关系，建立和维护适应社会主义市场经济的劳动制度，促进经济发展和社会进步，根据宪法，制定本法。

第二条　在中华人民共和国境内的企业、个体经济组织（以下统称用人单位）和与之形成劳动关系的劳动者，适用本法。国家机关、事业组织、社会团体和与之建立劳动合同关系的劳动者，依照本法执行。

第三条　劳动者享有平等就业和选择职业的权利、取得劳动报酬的权利、休息休假的权利、获得劳动安全卫生保护的权利、接受职业技能培训的权利、享受社会保险和福利的权利、提请劳动争议处理的权利以及法律规定的其他劳动权利。劳动者应当完成劳动任务，提高职业技能，执行劳动安全卫生规程，遵守劳动纪律和职业道德。

第四条　用人单位应当依法建立和完善规章制度，保障劳动者享有劳动权利和履行劳动义务。

第五条 国家采取各种措施，促进劳动就业，发展职业教育，制定劳动标准，调节社会收入，完善社会保险，协调劳动关系，逐步提高劳动者的生活水平。

第六条 国家提倡劳动者参加社会义务劳动，开展劳动竞赛和合理化建议活动，鼓励和保护劳动者进行科学研究、技术革新和发明创造，表彰和奖励劳动模范和先进工作者。

第七条 劳动者有权依法参加和组织工会。工会代表和维护劳动者的合法权益，依法独立自主地开展活动。

第八条 劳动者依照法律规定，通过职工大会、职工代表大会或者其他形式，参与民主管理或者就保护劳动者合法权益与用人单位进行平等协商。

第九条 国务院劳动行政部门主管全国劳动工作。县级以上地方人民政府劳动行政部门主管本行政区域内的劳动工作。

第二章 促进就业

第十条 国家通过促进经济和社会发展，创造就业条件，扩大就业机会。国家鼓励企业、事业组织、社会团体在法律、行政法规规定的范围内兴办产业或者拓展经营，增加就业。国家支持劳动者自愿组织起来就业和从事个体经营实现就业。

第十一条 地方各级人民政府应当采取措施，发展多种类型的职业介绍机构，提供就业服务。

第十二条 劳动者就业，不因民族、种族、性别、宗教信仰不同而受歧视。

第十三条 妇女享有与男子平等的就业权利。在录用职工时，除国家规定的不适合妇女的工种或者岗位外，不得以性别为由拒绝录用妇女或者提高对妇女的录用标准。

第十四条 残疾人、少数民族人员、退出现役的军人的就业，法律、法规有特别规定的，从其规定。

第十五条 禁止用人单位招用未满十六周岁的未成年人。文艺、体育和特种工艺单位招用未满十六周岁的未成年人，必须遵守国家有关规定，并保障其接受义务教育的权利。

第三章 劳动合同和集体合同

第十六条 劳动合同是劳动者与用人单位确立劳动关系、明确双方权利和义务的协议。建立劳动关系应当订立劳动合同。

第十七条 订立和变更劳动合同，应当遵循平等自愿、协商一致的原则，不得违反法律、行政法规的规定。劳动合同依法订立即具有法律约束力，当事人必须履行劳动合同规定的义务。

第十八条 下列劳动合同无效：（一）违反法律、行政法规的劳动合同；（二）采取欺诈、威胁等手段订立的劳动合同。无效的劳动合同，从订立的时候起，就没有法律约束力。确认劳动合同部分无效的，如果不影响其余部分的效力，其余部分仍然有效。劳动合同的无效，由劳动争议仲裁委员会或者人民法院确认。

第十九条 劳动合同应当以书面形式订立，并具备以下条款：（一）劳动合同期限；（二）工作内容；（三）劳动保护和劳动条件；（四）劳动报酬；（五）劳动纪律；（六）劳动合同终止的条件；（七）违反劳动合同的责任。劳动合同除前款规定的必备条款外，当事人可以协商约定其他内容。

第二十条 劳动合同的期限分为有固定期限、无固定期限和以完成一定的工作为期限。劳动者在同一用人单位连续工作满十年以上，当事人双方同意续延劳动合同的，如果劳动者提出订立无固定期限的劳动合同，应当订立无固定期限的劳动合同。

第二十一条 劳动合同可以约定试用期。试用期最长不得超过六个月。

第二十二条 劳动合同当事人可以在劳动合同中约定保守用人单位商业秘密的有关事项。

第二十三条 劳动合同期满或者当事人约定的劳动合同终止条件出现，劳动合同即行终止。

第二十四条 经劳动合同当事人协商一致，劳动合同可以解除。

第二十五条 劳动者有下列情形之一的，用人单位可以解除劳动合同：（一）在试用期间被证明不符合录用条件的；（二）严重违反劳动纪律或者用人单位规章制度的；（三）严重失职，营私舞弊，对用人单位利益造成重大损害的；（四）被依法追究刑事责任的。

第二十六条 有下列情形之一的，用人单位可以解除劳动合同，但是应当提前三十日以书面形式通知劳动者本人：（一）劳动者患病或者非因工负伤，医疗期满后，不能从事原工作也不能从事由用人单位另行安排的工作的；（二）劳动者不能胜任工作，经过培训或者调整工作岗位，仍不能胜任工作的；（三）劳动合同订立时所依据的客观情况发生重大变化，致使原劳动合同无法履行，经当事人协商不能就变更劳动合同达成协议的。

第二十七条 用人单位濒临破产进行法定整顿期间或者生产经营状况发生严重困难，确需裁减人员的，应当提前三十日向工会或者全体职工说明情况，听取工会或者职工的意见，经向劳动行政部门报告后，可以裁减人员。用人单位依据本条规定裁减人员，在六个月内录用人员的，应当优先录用被裁减的人员。

第二十八条 用人单位依据本法第二十四条、第二十六条、第二十七条的规定解除劳动合同的，应当依照国家有关规定给予经济补偿。

第二十九条 劳动者有下列情形之一的，用人单位不得依据本法第二十六条、第二十七条的规定解除劳动合同：（一）患职业病或者因工负伤并被确认丧失或者部分丧失劳动能力的；（二）患病或者负伤，在规定的医疗期内的；（三）女职工在孕期、产期、哺乳期内的；（四）法律、行政法规规定的其他情形。

第三十条 人单位解除劳动合同，工会认为不适当的，有权提出意见。如果用人单位违反法律、法规或者劳动合同，工会有权要求重新处理；劳动者申请仲裁或者提起诉讼的，工会应当依法给予支持和帮助。

第三十一条 劳动者解除劳动合同，应当提前三十日以书面形式通知用人单位。

第三十二条 有下列情形之一的，劳动者可以随时通知用人单位解除劳动合同：（一）在试用期内的；（二）用人单位以暴力、威胁或者非法限制人身自由的手段强迫劳动的；（三）用人单位未按照劳动合同约定支付劳动报酬或者提供劳动条件的。

第三十三条 企业职工一方与企业可以就劳动报酬、工作时间、休息休假、劳动安全卫生、保险福利等事项，签订集体合同。集体合同草案应当提交职工代表大会或者全体职工讨论通过。集体合同由工会代表职工与企业签订；没有建立工会的企业，由职工推举的代表与企业签订。

第三十四条 集体合同签订后应当报送劳动行政部门；劳动行政部门自收到集体合同文本之日起十五日内未提出异议的，集体合同即行生效。

第三十五条 依法签订的集体合同对企业和企业全体职工具有约束力。职工个人与企业订立的劳动合同中劳动条件和劳动报酬等标准不得低于集体合同的规定。

第四章 工作时间和休息休假

第三十六条 国家实行劳动者每日工作时间不超过八小时、平均每周工作时间不超过四十四小时的工时制度。

第三十七条 对实行计件工作的劳动者，用人单位应当根据本法第三十六条规定的工时制度合理确定其劳动定额和计件报酬标准。

第三十八条 用人单位应当保证劳动者每周至少休息一日。

第三十九条 企业因生产特点不能实行本法第三十六条、第三十八条规定的，经劳动行政部门批准，可以实行其他工作和休息办法。

第四十条 用人单位在下列节日期间应当依法安排劳动者休假：（一）元旦；（二）春节；（三）国际劳动节；（四）国庆节；（五）法律、法规规定的其他休假节日。

第四十一条 用人单位由于生产经营需要，经与工会和劳动者协商后可以延长工作时间，一般每日不得超过一小时；因特殊原因需要延长工作时间的，在保障劳动者身体健康的条件下延长工作时间每日不得超过三小时，但是每月不得超过三十六小时。

第四十二条 有下列情形之一的，延长工作时间不受本法第四十一条规定的限制：（一）发生自然灾害、事故或者因其他原因，威胁劳动者生命健康和财产安全，需要紧急处理的；（二）生产设备、交通运输线路、公共设施发生故障，影响生产和公众利益，必须及时抢修的；（三）法律、行政法规规定的其他情形。

第四十三条 用人单位不得违反本法规定延长劳动者的工作时间。

第四十四条 有下列情形之一的，用人单位应当按照下列标准支付高于劳动者正常工作时间工资的工资报酬：（一）安排劳动者延长工作时间的，支付不低于工资的百分之一百五十的工资报酬；（二）休息日安排劳动者工作又不能安排补休的，支付不低于工资的百分之二百的工资报酬；（三）法定休假日安排劳动者工作的，支付不低于工资的百分之三百的工资报酬。

第四十五条 国家实行带薪年休假制度。劳动者连续工作一年以上的，享受带薪年休假。具体办法由国务院规定。

第五章 工资

第四十六条 工资分配应当遵循按劳分配原则，实行同工同酬。工资水平在经济发展的基础上逐步提高。国家对工资总量实行宏观调控。

第四十七条 用人单位根据本单位的生产经营特点和经济效益，依法自主确定本单位的工资分配方式和工资水平。

第四十八条 国家实行最低工资保障制度。最低工资的具体标准由省、自治区、直辖市人民政府规定，报国务院备案。用人单位支付劳动者的工资不得低于当地最低工资标准。

第四十九条 确定和调整最低工资标准应当综合参考下列因素：（一）劳动者本人及平均赡养人口的最低生活费用；（二）社会平均工资水平；（三）劳动生产率；（四）就业状况；（五）地区之间经济发展水平的差异。

第五十条 工资应当以货币形式按月支付给劳动者本人。不得克扣或者无故拖欠劳动者的工资。

第五十一条 劳动者在法定休假日和婚丧假期间以及依法参加社会活动期间，用人单位应当依法支付工资。

第六章 劳动安全卫生

第五十二条 用人单位必须建立、健全劳动安全卫生制度，严格执行国家劳动安全卫生规程和标准，对劳动者进行劳动安全卫生教育，防止劳动过程中的事故，减少职业危害。

第五十三条 劳动安全卫生设施必须符合国家规定的标准。新建、改建、扩建工程的劳动安全卫生设施必须与主体工程同时设计、同时施工、同时投入生产和使用。

第五十四条 用人单位必须为劳动者提供符合国家规定的劳动安全卫生条件和必要的劳动防护用品，对从事有职业危害作业的劳动者应当定期进行健康检查。

第五十五条 从事特种作业的劳动者必须经过专门培训并取得特种作业资格。

第五十六条 劳动者在劳动过程中必须严格遵守安全操作规程。劳动者对用人单位管理人员违章指挥、强令冒险作业，有权拒绝执行；对危害生命安全和身体健康的行为，有权提出批评、检举和控告。

第五十七条 国家建立伤亡事故和职业病统计报告和处理制度。县级以上各级人民政府劳动行政部门、有关部门和用人单位应当依法对劳动者在劳动过程中发生的伤亡事故和劳动者的职业病状况，进行统计、报告和处理。

第七章 女职工和未成年工特殊保护

第五十八条 国家对女职工和未成年工实行特殊劳动保护。未成年工是指年满十六周岁未满十八周岁的劳动者。

第五十九条 禁止安排女职工从事矿山井下、国家规定的第四级体力劳动强度的劳动和其他禁忌从事的劳动。

第六十条 不得安排女职工在经期从事高处、低温、冷水作业和国家规定的第三级体力劳动强度的劳动。

第六十一条 不得安排女职工在怀孕期间从事国家规定的第三级体力劳动强度的劳动和孕期禁忌从事的劳动。对怀孕七个月以上的女职工，不得安排其延长工作时间和夜班劳动。

第六十二条 女职工生育享受不少于九十天的产假。

第六十三条 不得安排女职工在哺乳未满一周岁的婴儿期间从事国家规定的第三级体力劳动强度的劳动和哺乳期禁忌从事的其他劳动，不得安排其延长工作时间和夜班劳动。

第六十四条 不得安排未成年工从事矿山井下、有毒有害、国家规定的第四级体力劳动强度的劳动和其他禁忌从事的劳动。

第六十五条 用人单位应当对未成年工定期进行健康检查。

第八章 职业培训

第六十六条 国家通过各种途径，采取各种措施，发展职业培训事业，开发劳动者的职业技能，提高劳动者素质，增强劳动者的就业能力和工作能力。

第六十七条 各级人民政府应当把发展职业培训纳入社会经济发展的规划，鼓励和支持有条件的企业、事业组织、社会团体和个人进行各种形式的职业培训。

第六十八条 用人单位应当建立职业培训制度，按照国家规定提取和使用职业培训经费，根据本单位实际，有计划地对劳动者进行职业培训。从事技术工种的劳动者，上岗前必须经过培训。

第六十九条 国家确定职业分类，对规定的职业制定职业技能标准，实行职业资格证书制度，由经备案的考核鉴定机构负责对劳动者实施职业技能考核鉴定。

第九章　社会保险和福利

第七十条　国家发展社会保险事业，建立社会保险制度，设立社会保险基金，使劳动者在年老、患病、工伤、失业、生育等情况下获得帮助和补偿。

第七十一条　社会保险水平应当与社会经济发展水平和社会承受能力相适应。

第七十二条　社会保险基金按照保险类型确定资金来源，逐步实行社会统筹。用人单位和劳动者必须依法参加社会保险，缴纳社会保险费。

第七十三条　劳动者在下列情形下，依法享受社会保险待遇：（一）退休；（二）患病、负伤；（三）因工伤残或者患职业病；（四）失业；（五）生育。劳动者死亡后，其遗属依法享受遗属津贴。劳动者享受社会保险待遇的条件和标准由法律、法规规定。劳动者享受的社会保险金必须按时足额支付。

第七十四条　社会保险基金经办机构依照法律规定收支、管理和运营社会保险基金，并负有使社会保险基金保值增值的责任。社会保险基金监督机构依照法律规定，对社会保险基金的收支、管理和运营实施监督。社会保险基金经办机构和社会保险基金监督机构的设立和职能由法律规定。任何组织和个人不得挪用社会保险基金。

第七十五条　国家鼓励用人单位根据本单位实际情况为劳动者建立补充保险。国家提倡劳动者个人进行储蓄性保险。

第七十六条　国家发展社会福利事业，兴建公共福利设施，为劳动者休息、休养和疗养提供条件。用人单位应当创造条件，改善集体福利，提高劳动者的福利待遇。

第十章　劳动争议

第七十七条　用人单位与劳动者发生劳动争议，当事人可以依法申请调解、仲裁、提起诉讼，也可以协商解决。调解原则适用于仲裁和诉讼程序。

第七十八条　解决劳动争议，应当根据合法、公正、及时处理的原则，依法维护劳动争议当事人的合法权益。

第七十九条　劳动争议发生后，当事人可以向本单位劳动争议调解委员会申请调解；调解不成，当事人一方要求仲裁的，可以向劳动争议仲裁委员会申请仲裁。当事人一方也可以直接向劳动争议仲裁委员会申请仲裁。对仲裁裁决不服的，可以向人民法院提起诉讼。

第八十条　在用人单位内，可以设立劳动争议调解委员会。劳动争议调解委员会由职工代表、用人单位代表和工会代表组成。劳动争议调解委员会主任由工会代表担任。劳动争议经调解达成协议的，当事人应当履行。

第八十一条　劳动争议仲裁委员会由劳动行政部门代表、同级工会代表、用人单位方面的代表组成。劳动争议仲裁委员会主任由劳动行政部门代表担任。

第八十二条 提出仲裁要求的一方应当自劳动争议发生之日起六十日内向劳动争议仲裁委员会提出书面申请。仲裁裁决一般应在收到仲裁申请的六十日内作出。对仲裁裁决无异议的，当事人必须履行。

第八十三条 劳动争议当事人对仲裁裁决不服的，可以自收到仲裁裁决书之日起十五日内向人民法院提起诉讼。一方当事人在法定期限内不起诉又不履行仲裁裁决的，另一方当事人可以申请人民法院强制执行。

第八十四条 因签订集体合同发生争议，当事人协商解决不成的，当地人民政府劳动行政部门可以组织有关各方协调处理。因履行集体合同发生争议，当事人协商解决不成的，可以向劳动争议仲裁委员会申请仲裁；对仲裁裁决不服的，可以自收到仲裁裁决书之日起十五日内向人民法院提起诉讼。

第十一章 监督检查

第八十五条 县级以上各级人民政府劳动行政部门依法对用人单位遵守劳动法律、法规的情况进行监督检查，对违反劳动法律、法规的行为有权制止，并责令改正。

第八十六条 县级以上各级人民政府劳动行政部门监督检查人员执行公务，有权进入用人单位了解执行劳动法律、法规的情况，查阅必要的资料，并对劳动场所进行检查。县级以上各级人民政府劳动行政部门监督检查人员执行公务，必须出示证件，秉公执法并遵守有关规定。

第八十七条 县级以上各级人民政府有关部门在各自职责范围内，对用人单位遵守劳动法律、法规的情况进行监督。

第八十八条 各级工会依法维护劳动者的合法权益，对用人单位遵守劳动法律、法规的情况进行监督。任何组织和个人对于违反劳动法律、法规的行为有权检举和控告。

第十二章 法律责任

第八十九条 用人单位制定的劳动规章制度违反法律、法规规定的，由劳动行政部门给予警告，责令改正；对劳动者造成损害的，应当承担赔偿责任。

第九十条 用人单位违反本法规定，延长劳动者工作时间的，由劳动行政部门给予警告，责令改正，并可以处以罚款。

第九十一条 用人单位有下列侵害劳动者合法权益情形之一的，由劳动行政部门责令支付劳动者的工资报酬、经济补偿，并可以责令支付赔偿金：（一）克扣或者无故拖欠劳动者工资的；（二）拒不支付劳动者延长工作时间工资报酬的；（三）低于当地最低工资标准支付劳动者工资的；（四）解除劳动合同后，未依照本法规定给予劳动者经济补偿的。

第九十二条 用人单位的劳动安全设施和劳动卫生条件不符合国家规定或者未向劳动者提供必要的劳动防护用品和劳动保护设施的，由劳动行政部门或者有关部门责令改正，可以处以罚款；情节严重的，提请县级以上人民政府决定责令停产整顿；对事故隐患不采取措施，致使发生重大事故，造成劳动者生命和财产损失的，对责任人员依照刑法有关规定追究刑事责任。

第九十三条 用人单位强令劳动者违章冒险作业，发生重大伤亡事故，造成严重后果的，对责任人员依法追究刑事责任。

第九十四条 用人单位非法招用未满十六周岁的未成年人的，由劳动行政部门责令改正，处以罚款；情节严重的，由市场监督管理部门吊销营业执照。

第九十五条 用人单位违反本法对女职工和未成年工的保护规定，侵害其合法权益的，由劳动行政部门责令改正，处以罚款；对女职工或者未成年工造成损害的，应当承担赔偿责任。

第九十六条 用人单位有下列行为之一，由公安机关对责任人员处以十五日以下拘留、罚款或者警告；构成犯罪的，对责任人员依法追究刑事责任：（一）以暴力、威胁或者非法限制人身自由的手段强迫劳动的；（二）侮辱、体罚、殴打、非法搜查和拘禁劳动者的。

第九十七条 由于用人单位的原因订立的无效合同，对劳动者造成损害的，应当承担赔偿责任。

第九十八条 用人单位违反本法规定的条件解除劳动合同或者故意拖延不订立劳动合同的，由劳动行政部门责令改正；对劳动者造成损害的，应当承担赔偿责任。

第九十九条 用人单位招用尚未解除劳动合同的劳动者，对原用人单位造成经济损失的，该用人单位应当依法承担连带赔偿责任。

第一百条 用人单位无故不缴纳社会保险费的，由劳动行政部门责令其限期缴纳；逾期不缴的，可以加收滞纳金。

第一百零一条 用人单位无理阻挠劳动行政部门、有关部门及其工作人员行使监督检查权，打击报复举报人员的，由劳动行政部门或者有关部门处以罚款；构成犯罪的，对责任人员依法追究刑事责任。

第一百零二条 劳动者违反本法规定的条件解除劳动合同或者违反劳动合同中约定的保密事项，对用人单位造成经济损失的，应当依法承担赔偿责任。

第一百零三条 劳动行政部门或者有关部门的工作人员滥用职权、玩忽职守、徇私舞弊，构成犯罪的，依法追究刑事责任；不构成犯罪的，给予行政处分。

第一百零四条 国家工作人员和社会保险基金经办机构的工作人员挪用社会保险基金，构成犯罪的，依法追究刑事责任。

第一百零五条 违反本法规定侵害劳动者合法权益，其他法律、行政法规已规定处罚的，依照该法律、行政法规的规定处罚。

第十三章　附则

第一百零六条　省、自治区、直辖市人民政府根据本法和本地区的实际情况，规定劳动合同制度的实施步骤，报国务院备案。

第一百零七条　本法自 1995 年 1 月 1 日起施行。